中國美術分類全集

中國青銅器全集

10

東周
4

中國青銅器全集編輯委員會 編

《中國青銅器全集》編輯委員會

凡例

一　《中國青銅器全集》共十六卷，主要按時代分地區編排，力求全面展示中國青銅器發展面貌。

二　《中國青銅器全集》編選標準：以考古發掘品爲主，酌收有代表性的傳世品；既要考慮器物本身的藝術價值，又要兼顧不同的器種和出土地區。

三　本書爲《中國青銅器全集》第十卷，選錄東周楚、曾諸侯國青銅器精品。

四　本書主要內容分三部分：一爲專論，二爲圖版，三爲圖版說明。

目錄

楚、曾諸侯國的青銅藝術

熊傳薪

東周時期的楚國，雄踞在長江中下游地區，是南方疆域最爲遼闊的諸侯大國。從它建立到滅亡的八百多年歷史中，曾創造了堪稱當時世界一流的物質文明和精神文明。青銅藝術是璀璨楚文化中的一個重要組成部分，它風格獨特，在中國青銅藝術發展史上占有重要地位。

楚國的建立可追溯到商末周初，當時臣服于商的楚國還是一個混跡于蠻夷間的小國。周文王之時，楚國統治者鬻熊爲求楚的生存發展，歸附于周。《史記·楚世家》中有「鬻熊子事文王」的記載，《世本·居篇》云：「鬻熊居丹陽。」一九七七年陝西岐山周原遺址出土的甲骨卜辭中有「曰今秋，楚子來告，父後□」，這說明在西周時，楚已成爲西周的一個諸侯國。周成王時，鬻熊曾孫熊繹「闢在荆山」[1]。熊繹之後熊渠「甚得江漢間民和，乃興兵伐庸、楊粤，至于鄂」，并將「江上楚蠻之地」分封給了兒子[2]。西周晚期至春秋初年，中原周王朝勢力日見衰微，而楚國政治制度逐漸完善，經濟和軍事力量得到了空前的發展，楚君熊通自立爲「武王」，并開始向北方擴張。至楚文王時先後征服和滅掉鄀、貳、息、軫、鄖、隨、申、呂、鄧、汝、蔡等「漢陽諸姬」，其勢力從丹陽至江陵一帶擴充到了漢水流域。春秋早期，楚國已控制了長江中游地區，成爲一個強大的諸侯國。楚莊王時，已「并國二十六，開地三千里」[3]，觀兵問鼎，直指周王室，并先後擊敗晉、鄭等諸侯國。楚莊王成爲春秋「五霸」之一。進入戰國時期，楚經歷了楚悼王、楚宣王時期的繼續發展，至楚威王時，楚國與秦、齊、韓、趙、魏、燕并爲戰國「七雄」。楚國的疆域「南卷沅、湘，北繞潁泗，西包巴蜀，東裸郯淮，潁汝以爲洫，江、漢以爲池，垣之以鄧林，綿之以方城，山高尋雲，谿肆無景」[4]，包括了現在的湖北、湖南等省的大部分和河南、陝西、四川、江西、安徽、浙江、山東等省的一部分，甚至廣東、廣西、雲南、貴州等地也是其勢力範圍。

曾即文獻記載中的隨國⑤。《左傳》中記載：「漢東之國隨爲大。」曾在商代卜辭和西周的青銅器銘文中被多次提及。西周時，周宣王征服了漢水流域以後，爲防範楚國勢力北上，在漢水流域分封了以姬姓爲主的若干諸侯國，即「漢陽諸姬」。在衆多的姬姓諸侯國中，曾國是其中之一。春秋早期，曾的疆域大致在今湖北棗陽、隨州、京山到河南西南部的新野一帶。公元前四〇〇年左右，楚逐漸征服「漢陽諸姬」，曾國也并入了楚國的版圖。

一

楚國青銅器的發現，最早見于《史記·楚世家》，楚武王五十一年伐隨，「武王卒師中而兵罷」。《集解》引《皇覽》曰：「楚武王塚在汝南郡鮦陽縣葛陂鄉東北，民謂之楚王嶺。漢水平中，葛陵城北祝里社下于土中得銅鼎，而名曰『楚武王』。由是知楚武王之塚。民傳言，秦、項、赤眉之時欲發之，輒頹壞塡壓，不得發也。」此記載中的銅鼎，雖不見其物，但它畢竟是楚國青銅器發現的最早記載。宋代呂大臨《考古圖》中有楚公逆鐘、楚王媵邛媍南鐘和楚王酓章鐘等器物的銘文傳世，但實物亦已無存⑥。宋政和三年（公元一一一三年）湖北武昌太平湖發現過楚公逆鎛。另外，在宋代還發現過楚王孫鐘、楚王作曾侯乙鐘等⑦。此後，零散出土的楚國青銅器披露于清代至民國時期的一些著錄中，被記載的約二十餘件，其中如楚公冢鐘、楚王領鐘等⑧。二十世紀二三十年代，楚國的青銅器開始在安徽壽縣和湖南長沙等地相繼有所發現。一九二二年安徽壽縣楚墓中出土了鼎、壺、簠、鏡、帶鈎、車馬器等青銅器，其中一部分被當時駐留蚌埠的瑞典人卡爾白克所獲，分售歐美各地。一九二六年卡氏發表了《一些早期中國青銅鏡的筆記》，引發了所謂「淮式」銅器的研究。安徽壽縣東鄉四十五里的朱家集李三孤堆楚王墓，一九三三年、一九三五年、一九三八年曾三次被盜掘，出土青銅器近千件，其中以禮器居多，如鼎有鐈鼎、小口鼎、升鼎等，此外，還有甗、簠、簋、壺、尊缶、缶、敦、俎、豆、盤、勺等⑨，這是一九四九年以前，楚國青銅器發現最多的一處。

一九四九年後，特別是七十年代以來，考古發掘工作配合基本建設取得了重大的成就。

在湖北、湖南、河南、安徽和四川、山東、廣東、廣西等地陸續出土了一批楚國青銅器，其中在湖北包山楚墓、望山沙塚楚墓、河南淅川下寺等大型楚墓中都有楚國青銅器的大宗發現，不僅數量多，而且成組成套，器形保存完整，紋飾精美，銘文內容豐富，具有豐富的文化內涵，爲楚文化和楚國青銅藝術研究提供了彌足珍貴的實物。現按楚國青銅器的發現區域叙述如下：

（一）湘江中下游楚墓青銅器

一九四九年以前，長沙近郊墓葬曾被大量盜掘，出土了一批楚國青銅器，但都已散失。一九五二年至一九八一年，長沙近郊一帶又發掘楚墓八百餘座，其中以一九七一年發掘的瀏城橋一號墓規模較大。在這些楚墓中出土的青銅器有鼎、敦、壺、匜、樽等，其中的雲紋鏈條提梁壺、雲紋奩和鏡極爲精美。此外，這批墓葬中還出土了大量的劍、戈、矛等兵器。除長沙外，在湘江中下游地區的湘鄉、益陽、岳陽、臨澧和澧縣也發掘了大量的楚墓，出土了不少楚國青銅器，但大都殘破或者爲小型器物。其中以一九八六年在岳陽筻口鳳形嘴發現的三座春秋楚墓中出土的青銅器較爲重要，一號墓中出土了成組青銅器，有鼎、簠、盞、盉、盤、匕和戈等，青銅盞不僅捉手爲失蠟法鑄造，而且盞內有銘「恿兒自作鑄其盞盂」[10]。這批春秋楚青銅器的發現，爲研究楚國勢力南漸提供了重要依據。

（二）信陽長台關楚墓青銅器

一九五七年至一九五八年在河南信陽長台關發掘的一、二號墓，是河南境內發現的最大楚墓之一，一號墓出土青銅器二百餘件，其中青銅禮器達三十多件，有鼎、盤、匜、敦等，另外還出土一套十三件的編鐘，最大的一件編鐘上鑄銘「惟𦉪屈欒晉人，救戎于楚境」[11]，這是五十年代楚國青銅器最重要的發現。

（三）當陽—江陵楚墓青銅器

湖北江陵、宜昌地區是楚國的中腹地區，特別是江陵，曾爲楚郢都的所在地，這裡的楚墓數以萬計，其中有不少楚國王室墓葬。江陵一帶的雨台山、溪娥山、武昌義地、官平、拍馬山、太暉觀、張家山、葛陂寺等地分布着很多楚墓群，在此曾配合基本建設進行了大規模的考古發掘。據初步統計，發掘的楚墓達二三千座，如一九七五年十一月至一九七六年二月在雨台山發掘春秋中期至戰國時期楚墓就達五百餘座。這批墓葬大都爲中小型墓，出土多爲兵器⑫。江陵望山一、二號墓和沙塚一號墓是規模較大的楚墓，墓主地位爲大夫級。如望山一、二號楚墓出土青銅器四百多件⑬，其中禮器有五十餘件，如嵌銀樽、騎駝人擎燈、透雕筒形器，都是楚青銅藝術品中不可多見的珍品。天星觀一號墓是目前發掘的楚墓中墓葬規模最大、級別最高的一座楚王墓，墓雖曾被盜掘，却仍出土青銅器一千多件，其中青銅禮器五十多件⑭。一九八六年在荆門包山發掘了五座大型楚墓，其中二號墓出土的青銅禮器達五十九件，有鼎、簠、甗、匜、敦、缶、壺、鑑、樽、杯、燈、盒、盤、勺、匕、箕等⑮，如直頸平肩壺、蟠龍紋簠、錯金龍紋樽、鏤孔杯形器、人擎燈等均爲罕見的楚國青銅藝術瑰寶。一九七三年江陵岳山出土了鼎、簠、盞、缶、盤、匜六件楚青銅器，其中簠蓋與器內底有銘文：「鄴伯受用其吉金乍元妹叔嬴爲心媵琫簠，子子孫孫永其用之。」⑯這批春秋中期的器物，是江陵發現的最早的一組楚國青銅器。一九七三年至一九七九年在當陽一帶的趙家塝、金家山、鄭家坳、李家凹子、楊家山、曹家崗等地發掘楚墓二百九十餘座，僅有九座墓出有少量青銅器，然而這批墓葬的年代早至春秋早、中期，對研究楚國青銅藝術的發展有重要價值。一九八一年至一九八九年在江陵九店還發掘了楚墓五百七十多座，出土青銅器一千多件，但以青銅兵器爲主，青銅禮器很少⑰。

（四）枝江楚墓青銅器

一九六九年在湖北枝江百里洲黃沙層中發現了一批春秋早期的楚國青銅器，有鼎、簠、壺、盤、匜等。兩件簠內鑄銘「考叔指父」，匜內底鑄銘「寘（塞）公孫父」⑱。「父」爲作器者之名，「考叔」爲其字，「寘」爲其受封地，又稱「公孫」，「父」爲楚公族成員。這批楚器由于年代較早，故十分重要。

（五）襄樊—宜城楚墓青銅器

在湖北襄陽山灣、余崗，宜城的駱家山、谷城新店、下辛店、禹山嘴等地也分布着許多楚墓，墓葬年代爲春秋中晚期。如一九七二年在襄陽山灣發掘了三十多座中小型墓，出土銅禮器

一九七八年曾侯乙墓出土編鐘情況

的組合爲鼎、簠、盞、缶、盤、匜、敦、盉等[19]。一九七三年襄陽蔡坡四號墓出土了一大批青銅器，有鼎、盒、壺、敦、缶、盤、匜、瓢等，另外還有一部分兵器、車馬器等[20]。

（六）淅川下寺楚墓青銅器

河南淅川下寺是目前楚國青銅器發現最多和最重要的地區之一。一九七五年在毛坪出土了一批春秋中期至戰國時期的青銅器，主要有鼎、盤、簠、匜等，此外還有一部分車馬器和兵器[21]。一九七七年至一九八〇年在下寺北嶺龍山發掘的二十五座楚國墓是楚國青銅器最重要的發現，這裡出土了上千件青銅器，其中包括大量的青銅禮器，有鼎、鬲、簠、簋、盤、匜、壺、盞、盉、缶、鑑、盆、俎、豆、禁等[22]。不僅種類繁多，而且器形非常優美，風格多種多樣，鑄造技巧嫻熟，製作極爲精緻。

楚國青銅器在安徽、江蘇也有出土。一九七七年至一九七九年在安徽長豐發掘的九座楚墓中，出土青銅器一百零六件[23]。一九七八年在安徽舒城秦橋發掘的三座楚墓中出土了青銅器十八件，有鼎、壺、盤、勺、匜、鏡和兵器[24]。一九七九年江蘇無錫前洲出土有「郙陵君」銅鑑、豆、匜[25]。一九八〇年江蘇吳縣楓橋山出土了三十三件青銅器，有鼎、簠、盉、缶、匜、鑑和兵器、車馬器等[26]，其中銅盉肩部有「楚叔之孫途爲之盉」銘文，這些楚國青銅器的年代大都爲戰國中晚期。此外，楚國青銅器在四川[27]、廣東[28]、廣西[29]、江西[30]和山東[31]等地都有零星發現。總之楚國青銅器的發現遍及長江中下游和江南一帶，是東周諸侯列國青銅藝術中文化內涵最爲豐富的一部分。

曾國青銅器。早在北宋時就在位于今湖北安陸一帶發現過兩件「曾侯鐘」[32]，銘文與一九七八年曾侯乙墓出土的同銘鐘相同。一九三三年在安徽壽縣朱家集楚幽王墓中，也曾出土了一對大型曾姬壺[33]。由于器物上的銘文都明確提到「曾」，從而引起了學者們對曾國與其青銅器的追尋。

一九四九年以來，曾國青銅器的發現主要在原曾國地域內，據統計，先後發現了三十多批，其中青銅禮器達五百四十多件[34]，而有銘文的青銅器達二百多件。現就其中的主要發現叙述如下。

一九六六年在湖北京山蘇家壠發現了九十七件西周晚期至春秋早期的青銅器，有鼎、甗、簋、豆、方壺、盉、匜、盤和車馬器等。青銅器製作甚精，其中有十件青銅器上鑄有銘文，兩件鼎上鑄銘「曾侯仲子游父」，兩件豆和方壺鑄銘「曾仲游父」，簋上的銘文達三十七字[35]。這批曾國青銅器對研究曾國早期青銅藝術具有很重要價值。

一九七〇年和一九七二年在湖北隨州均川熊家老灣相繼出土了西周晚期至春秋早期的曾國青銅器。一九七〇年出土有簋、鑩、彝。一九七二年出土有鼎、甗、簋、壺、盤、匜等，這批青銅器的銘文爲「曾伯父」、「曾仲父」等[36]。

一九七一年和一九七四年在河南新野城關鎮的春秋早期墓葬中先後出土了鼎、盆、盤、甗、簠、匜和車馬器等青銅器，其中甗內壁上有「唯曾子中誨」等銘文[37]。八十年代以來，湖北棗陽先後三次出土了春秋早期的曾國青銅器，有鼎、簋、壺、匜和兵器，其中一件戈上鑄有「曾侯絴白秉戈」銘文[38]。曾國青銅器最重要的發現是一九七八年湖北隨州擂鼓墩一、二號墓。一號墓（即曾侯乙墓）中出土的文物非常豐富，青銅器種類繁多，宏麗精美，在出土青銅器群中是罕見的。其中一套編鐘（六十五件鐘和附件）保存完好。編鐘有鎛鐘、鈕鐘和甬鐘三種，鐘形體大，花紋精美，鎛鐘的鉦部鑄有三行三十一字銘文。青銅禮器達一百一十七件，食器有鼎、鬲、甗、爐、盤、簋、簠、豆、鼎形器、盒、匕等，酒器有大尊缶、聯禁大壺、提鏈壺、鑑缶、尊盤、罐、過濾器、勺等，水器有小口鼎、匜鼎、盥缶、圓鑑、盤、盥、斗等。青銅用具有炭爐、箕、漏鏟、鎮、薰、筒形器、鉤形器、鹿角立鶴、削刀等。兵器有戈、戟、矛、殳、晉杸、鏃等。另外還有車馬器等青銅製品。二號墓出土有編鐘三十六件，青銅禮器和雜器共七十件，有鼎、鬲、甗、簋、豆、簠、壺、缶、盤、匜和車馬兵器等[39]。

在楚滅曾之前，曾國爲周王朝的「漢陽諸姬」之一，它的文化受中原周文化的影響，在青銅器的造型、紋飾和銘文、冶鑄上表現了與中原文化的一致性，但由于楚在春秋中期以後政治、軍事和經濟勢力的逐漸強大，楚周邊諸侯國（包括曾國在內）的文化又深受楚文化的影響，特別是楚滅掉曾以後，曾國成爲楚國的附庸，曾國的文化也就成了楚文化的一部分，因此，曾國青銅器可納入楚系青銅器範疇[40]。

二

一九四九年以來，各地一些典型的墓葬，如河南淅川下寺楚墓，湖北隨州曾侯乙墓、江陵天星觀一號墓、江陵望山一、二號墓、荆門包山一號墓和河南信陽長台關楚墓等出土了成組成套的銅器群，它們爲研究楚國青銅器的年代、分期、演變及其與中原青銅文化、周邊諸侯列國的青銅文化關係提供了寶貴的實物依據。另外各地中小型楚墓中青銅器的簡單組合，各地楚青銅器的零星重要發現，也爲上述研究提供了佐證。

東周楚系青銅器的分期與年代，根據青銅器的特徵和典型墓葬中青銅器的出土情況，大致可分爲以下六期：

（一）西周晚期至春秋早期。目前所知楚青銅器中年代最早的有楚公冢鐘、楚公冢戈和楚公逆鐘[41]。鐘的形制爲甬鐘，有榦，有旋，有長枚。戈爲三角形援，方形內。鐘與戈在形制上與中原西周青銅器基本無异，只是它的銘文明確標有「楚公」字樣。京山出土的「曾仲斿父」等青銅器，形制、花紋亦與西周中原青銅器無別，從銘文上可知爲曾器，其時代也應屬這一時期。

屬于此期的銅器群有湖北當陽趙家塝二號墓[42]、湖北枝江百里洲[43]和河南南陽西關[44]等三個銅器群。它們的青銅器組合形式爲鼎、簠、壺。枝江百里洲的組合中還有盤、匜。鼎爲深腹、圜底、蹄足、附耳狀，與中原西周晚期至春秋早期鼎的風格一致，簠、壺的形態也反映了中原青銅文化的作風。這一階段楚國青銅文化深受中原周青銅文化的影響，還未形成自己獨特的風格。

（二）春秋中期。典型銅器墓有河南信陽平橋二號墓[45]、淅川下寺七和八號墓[46]、湖北當陽趙家塝三號墓等[47]。以淅川下寺兩墓爲例，八號墓爲鼎一、簠四、浴缶一、匜一。七號墓爲鼎二、簠二、盞一、浴缶二、盤一。銅器組合爲鼎、簠、缶、盤、匜、盞。

（三）春秋晚期。這一時期的青銅器群發現較多，其上限可至春秋晚期前段或春秋中期偏晚，典型墓葬有湖北江陵岳山楚墓[48]，湖北襄陽山灣一、十五號墓[49]，湖北當陽慈化楚墓[50]，河南淅川下寺一、二、三、十一號墓[51]和湖南岳陽筻口楚墓[52]，湖南湘鄉何家灣一號墓[53]等。如淅川下寺楚墓一號墓有鼎十三、簋一、簠二、盞一、方壺二、尊缶二、浴缶二、盤一、匜一、鐘九，另外還有鬲、盉、斗、勺、匕等。二號墓鼎十九、簋二、簠一、盞一、壺一、尊缶二、浴缶二、盤一、匜一、鐘二十六和斗、勺、匕、盉、鬲、盆、豆、方俎以及其它等。三號墓有鼎六、簠四、盞一、尊缶二、浴缶二、盤一、匜一，另外還有盉、鑑、提鏈壺、方體器和其它。此期青銅器的組合爲鼎、簠、缶、盤、匜、盞和鐘。湖南湘鄉何家灣一號墓出土有鼎四、敦一、壺一和削。

（四）戰國早期。這一時期的青銅器墓葬，主要是湖北隨州擂鼓墩一號墓（曾侯乙墓）[54]，此外還有湖南長沙瀏城橋一號墓[55]、襄陽蔡坡四號墓[56]和安徽舒城九里墩大墓[57]等。其中以曾侯乙墓出土的青銅器最爲典型和最具有代表性，該墓出土的銅器有鼎二十二、簋八、簠四、敦二、盒二、壺四、尊缶二、浴缶四、盤一、匜二、鐘六十五，另外還有鬲、甗、爐盤、豆、鼎形器、鑑缶、尊盤、罐、斗、勺、匕、過濾器等。此期的青銅器組合爲鼎、簋、簠、敦、缶（壺）、盤、匜。

（五）戰國中期。這一時期出土銅器的墓葬比較多，主要典型墓葬有：河南信陽長台關一號墓[58]，湖北江陵天星觀一號墓[59]、隨州擂鼓墩二和十三號墓[60]、江陵望山一和二號墓[61]、江陵張家山一〇號墓[62]、荊門包山二號墓[63]、江陵李家山一號墓[64]，湖南臨澧十七號墓[65]、長沙荷花池一號墓[66]、長沙烈士公園三號墓[67]、長沙識字嶺三一五號墓等[68]。其中如信陽長台關一號墓青銅器有鼎五、敦一、盒二、壺二、盤四、匜一、鐘十三，另外還有高足壺形器、提鏈罐、勺、匕等。荊門包山二號墓青銅器有鼎十九、簠二、敦二、盒三、壺六、尊缶二、浴缶四、盤四、匜一、鐃一和甗、鑑、勺、匕、箕等。隨州擂鼓墩二號墓青銅器有鼎十七、簋八、簠四、壺四、尊缶四、浴缶二、盤一、匜一，另外還有豆、鬲、甗、盂、鼎鈎、匕、爐、箕等。此期青銅器的組合爲鼎、敦（簠）、盤、匜。

（六）戰國晚期。這一時期出土青銅器的墓葬分爲兩類，一類是大型的楚王墓，僅一座，即安徽壽縣楚王墓[69]。第二類以中小型墓爲多。壽縣楚王墓出土的青銅器品種齊全，器物有鼎三十九、簋八、簠九、敦五、壺六、尊缶三、浴缶四、盤四、匜一，鐘三十多件，另外還有鬲、甗、豆、鎬、盉、鑑、爐、箕、俎、耳杯、罐等。第二類中小型墓葬，出土青銅器數量少，如湖北江陵馬山一號墓[70]，青銅器有鼎二、壺一、匜一和鏡、耳杯等，江陵雨台山四八〇號墓[71]，青銅器有鼎一、盒一、壺一。湖南長沙識字嶺一號墓[72]，青銅器有鼎四、盒二，常德德山二十六號墓[73]中僅有青銅禮器鼎一、盒一。此期青銅器的組合除壽縣楚王墓情況特殊外，主要是鼎、盒、壺。

上述青銅器的分期年代，主要是根據墓葬年代來分析判斷的，其中有些器物上限年代也可至上一期。如青銅簠，它在西周晚期開始出現，在春秋中、晚期楚墓裡都有出土，但它的形制、紋飾在不同時期各有變化。在沒有明確斷代依據的墓葬中出土的簠，可能屬于春秋中期，也可能屬于春秋晚期偏早，因此判斷器物的年代除有銘文者外，只能是一種相對的認定。

從春秋中期或春秋晚期偏早開始，楚國墓葬青銅器組合爲鼎、簠、缶（浴缶）、盤、匜。其中缶、盤、匜爲水器。在中原諸侯國的楚墓中，青銅器同樣是這五個器類的組合，水器在組合中占有三個器類，而在中原地區商周墓中只占兩個，表明水器類在楚銅器組合中的地位高于中原地區。戰國時期，青銅器基本組合由鼎、簠、缶、盤、匜演變爲鼎、敦（盒）、壺、盤、匜，而缶在大貴族墓中仍有發現。楚墓青銅器重水器的組合，實際上是楚禮制的反映，與商代「重酒器的組合」、西周中葉以後「重食器的組合」不同，反映了楚禮制在春秋中晚期以後，明顯不同于周禮制了，說明楚文化已形成了自己獨特的地方特徵。

楚與中原商周文化的關係淵遠流長，從楚民族的存在到楚國的建立，楚文化深受中原商周文化的影響。在禮制方面，楚沿用和承襲了西周在埋葬制度上有嚴格的等級區分的禮制，主要表現在用棺椁的重數上，不同的等級用棺椁的重數不一；在禮器用鼎隨葬制度上，西周採用「列鼎」制度。九鼎，按用禮，諸侯用大牢，或大夫用大牢七鼎，下大夫用少牢五鼎，士用牲三鼎或特一鼎。在用鼎隨葬時，還用簋與鼎相配，鼎爲奇數，簋爲偶數即九鼎八簋、七鼎六簋、五鼎四簋、三鼎兩簋等，其它盤、匜、壺也有相應規定。

從目前的發現看，楚墓有三類情況，第一類爲大型貴族墓。屬于楚王墓目前僅發現一座，即安徽壽縣李三孤堆楚幽王墓，年代爲戰國末年，出土青銅禮器一百四十三件，恪守周禮的九鼎八簋之制。屬于侯一級的墓葬如曾侯乙墓，該墓出土青銅禮器一百一十七件。屬于令尹妻室，左尹的墓，如淅川下寺一和二號墓，其中二號令尹墓的青銅禮器五十二件，一號令尹妻室墓青銅禮器三十六件，均沒有發現僭用或亂用情況。以上王、侯、令尹墓，墓葬主人級別和年代不同，但墓中的銅器組合基本一致，組合中不僅食器、酒器、水器（包括盥器）、樂器俱全，且每類往往又有幾個器種（有專家稱這類青銅器組合爲復合組合形式），說明這些楚的上層貴族在銅器使用制度上，有嚴格性與保守性，自始至終是恪守周禮的。第二類墓葬在規模上比一類要小，在隨葬銅禮器數量上比一類要少，墓主人身份至少相當于周禮制中的大夫級。這類墓葬的青銅器組合形式是完整的，即至少有鼎，或食器中的一種，酒器或水器一種，每種數量也不限于一件，這一類組合與復合組合形式明顯的區別，在隨葬的鼎中沒有大鑊鼎和銅升鼎，既使有鼎的墓，也是仿銅升鼎、鑊鼎的陶鼎，這種區別反映了墓主人的社會等級不同。如望山一號墓的銅禮器計二十五件，其中銅鼎有九件，但器體不大，最大者高三十二厘米，墓中還使用了陶升鼎。又如當陽慈化楚墓、襄陽山灣三十三號墓，它們都僅出銅鼎二件、簋一件；江陵張家山二〇一號墓、藤店一號墓僅出土銅鼎二件，無簠，幷未按周制大夫的用鼎制度，而是按楚的變革禮制進行隨葬。然而隨葬有食器、酒器、水器，組合完整。在禮制上既用一定周禮制的用鼎制度，又不完全同于周禮制度，這正是楚制异于周禮制之處。第三類墓葬墓主人爲士一級，葬具爲一棺一椁，在用鼎制度上，一種是隨葬鼎和另一種禮器，一種則僅隨葬有鼎，且形體小，或輔以陶禮器陪襯。這種墓主人社會地位低下，不可能完全按周的禮制來隨葬。

楚青銅文化在其發展過程中創造了不同于周文化的特徵，其主要表現可歸納爲一是鼎、簋相配上有所不同。如淅川下寺一和二號墓，墓主地位爲令尹，僅次于楚王，墓中使用了七鼎，但只用了一、二件簋。楚幽王墓既使用了八簋，又使用了敦。二是周禮使用的鼎爲列鼎，而楚墓中的鼎并非列鼎，却是束腰平底升鼎，爲一種楚式鼎。三反映在用簠的數量上，楚用簠數明顯高出西周中原，如淅川下寺三和八號墓用了四簠。

東周楚青銅器無論從出土和發現的數量，或是從其種類、精美程度，在東周諸侯列國青銅器中都堪稱一流。按青銅器的用途，楚青銅器有食器、酒器、水器、樂器、兵器和其它，而每類之中又有若干器種。食器中有鼎、鬲、甗、簠、簋、盂、盆、盞、敦、盒、豆等；酒器中有壺、尊缶、鑑缶、盤尊、盉、禁、罐、過濾器、勺等；水器有浴缶、鑑、盤、匜、斗等；樂器有甬鐘、鈕鐘、鎛鐘和鉦、鐃等；兵器有戈、矛、劍、殳、晉杸、戟、節、刀等，其它青銅器有爐、箕、漏鏟、燈、薰杯、薰盤、座鼓和各種車馬器飾件。

從西周晚期至戰國時期，每類青銅器的形態，因年代不同都在發生變化，由此，我們可以窺探楚青銅文化對中原商周青銅文化的繼承和創新，更加認識在我國統一的青銅文化中，因地域和民俗不同而具有的多樣性特點。下面就最具特色的一些楚青銅器類略作探討。

鼎。是楚青銅器中發現最多的器型，其種類很多，可分爲折沿鼎、箍口鼎、子口鼎、束腰平底鼎、小口鼎、匜鼎、越式鼎等。

折沿鼎，從春秋早期開始出現一直沿用到戰國晚期。當陽趙家垸八號墓中出土的鼎，是楚墓出土最早的鼎，時代爲春秋早期，形制爲寬折沿，淺腹，圜底，筒狀足，腹飾一周凸弦紋。到春秋中期，以淅川下寺一、二、三號墓中所出爲例，形制爲窄折沿，仰折，束頸，淺腹，圜底，矮獸蹄足狀，有的設蓋，蓋中爲環狀捉手。春秋晚期，如壽縣蔡侯墓出土的鼎，形制爲窄折沿，略仰折，束頸深腹，腹壁較直，腹兩側有一對鈕，圜底高足，有蓋，蓋中爲環狀捉手。戰國早期，如隨州擂鼓墩一號墓出土的鼎，爲直口，平唇，束頸，深腹，腹壁直，腹兩側有一對鈕，圜底較坦，高獸蹄足較粗壯。戰國晚期，如安徽李三孤堆楚幽王墓中出土的鼎，爲直口，平唇，束頸，深腹，腹壁直，坦底，三粗壯獸蹄足。從上序列可知此類鼎的發展和演變比較清楚，即從春秋早期到戰國晚期，此類鼎由寬沿到窄折沿，一直到直口平唇；由淺腹到深腹；由腹壁斜收成圜底到腹壁較直近平坦；由矮獸蹄足到粗壯的高蹄足。春秋早期楚折沿鼎的形態與西周末東周初中原風格相似，未擺脫周式鼎的形態，仍受中原系統鼎的影響。從春秋中期以後，此類鼎以束頸折肩爲特徵，并逐漸變成了直壁、坦底、高足的楚式鼎，這是唯楚獨有而中原不見的器形。

箍口鼎，又稱子母口鼎、緐鼎、鐈鼎。主要特徵是附耳，子母口外側有一周凸棱，深腹，獸蹄足。出現于春秋中期，如當陽趙家塝一號墓出土的鼎，形制爲深腹微鼓，腹側有一鈕，腹壁下部收攏較緩，大圜底，矮獸蹄足，蓋中爲環狀捉手，周有四立鈕。春秋中期偏晚，此式鼎仍爲深腹，圜底，但足比前期略高，蓋中爲環狀捉手，在淅川下寺一號墓和二號墓，襄陽余崗一〇六號墓都有出土。春秋晚期，此式鼎腹壁上部較直，下部斜收成小圜底，足高且外撇，蓋中爲環狀捉手或平蓋中置鋪首環，在安徽壽縣蔡侯墓中有出土。春秋末期戰國早期，以湖北當陽楊家山六號墓出土的鼎爲典型，鼎的腹下壁收攏較緩，圜底高足，蓋中爲鋪首環，周有三立鈕。此型鼎的變化爲腹部逐漸加深，腹壁由微鼓到下腹斜收，底由大圜底到小圜底，足由矮到高，蓋面由環狀捉手到鋪首環。鼎的凸棱狀子母口不僅在中原同期鼎中很少見，而且不成序列，是楚人對鼎的創新，爲一種典型的楚式鼎。

子口鼎，又稱饙鼎。它與箍口鼎的區別，在于該鼎是無棱形子母口扁腹鼎。此類鼎出現于春秋中晚期，流行于戰國時期，它不僅在楚貴族墓中出土，而且中小型墓中也常可見到。春秋中晚期此類鼎形態爲深腹、圜底、獸蹄足狀。到戰國中晚期，與春秋時期相比發生了明顯的變化，一是蓋上除環鈕外，多爲牛形鈕，牛或立或臥。牛形鈕在中原地區的鼎上也有，但不如楚鼎使用普遍。二是腹部扁圓，甚至爲扁盒狀，足部則不斷升高變細，顯得纖麗瘦長，是楚人審美意識的反映。

束腰平底鼎，又稱升鼎。此類鼎最具楚國獨特的風格，形體高大，折沿，立耳外撇，束腰，淺腹，平底，蹄足，腹周攀附六隻或四隻獸，作等間距離，首近沿，尾近底。升鼎在多種型式的鼎中不但形制獨异，而且地位突出，通常組成列鼎，成奇數，多寡與墓主等級的高低相稱。此類鼎在楚墓中出現于春秋中晚期，一直沿襲到戰國晚期，器形早晚變化不明顯，只是附飾、花紋有所變化。如淅川下寺一號墓中出土的鼎，器身周圍攀附六個扁平透雕的夔龍，足部飾透雕的獸形扉棱。壽縣蔡侯墓中的鼎，器身周圍飾六個較簡化的扁平夔龍。曾侯乙墓、壽縣

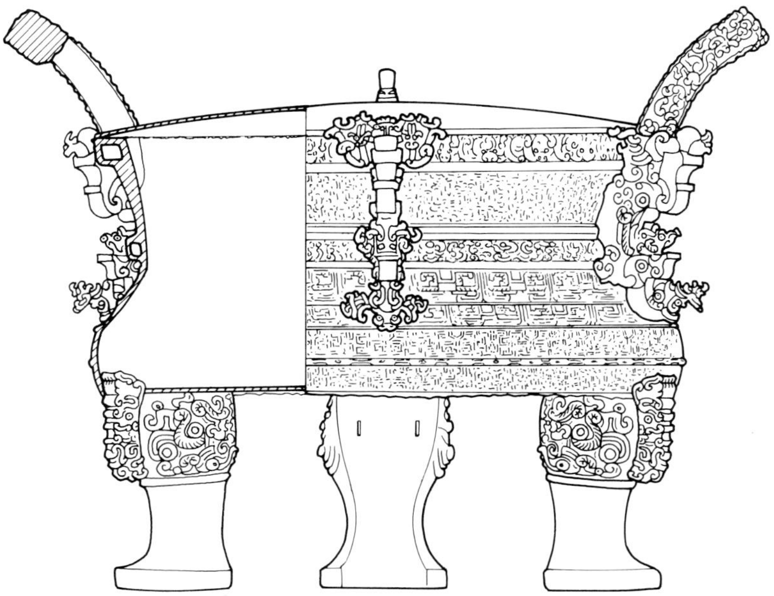

淅川下寺二號墓束腰平底鼎（王子午鼎）

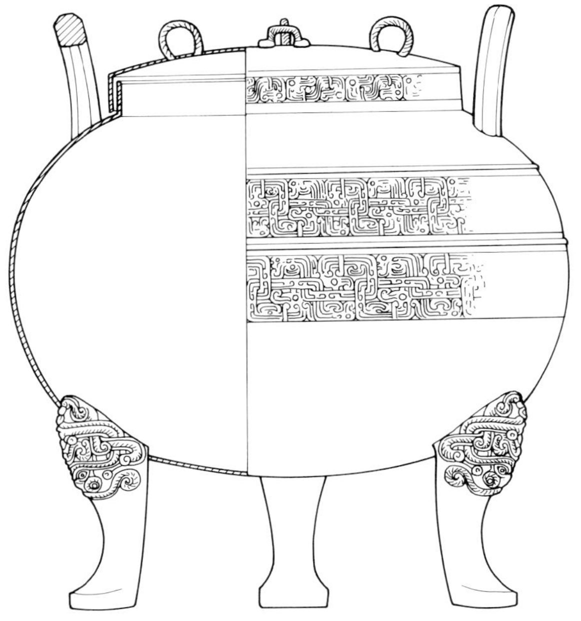

淅川下寺二號墓小口鼎

楚幽王墓中的鼎，器身周圍均飾四個象形附獸。這類鼎以淅川下寺二號墓中出土的列鼎最爲典型，該墓出土此類鼎七件，其最大者通高六十七厘米，口徑六十六厘米，最小者通高也有六十厘米，口徑五十八厘米。每件升鼎的蓋、頸、腹和內壁上，都有銘文。紋飾繁縟，耳、沿和腰部圓形凸上都飾有淺浮雕花紋，腿部飾有獸形扉棱，六隻攀附獸爲凸雕夔龍。此類鼎附飾表現出楚人突破了周文化莊嚴、肅穆的風格，趨向于生動、神奇的手法，是楚國青銅器的藝術杰作。

小口鼎，又稱罐形鼎、汾鼎、浴鼎。其特點是直頸小口，寬肩，圓腹，圜底，三蹄足，雙耳直立或外折立于肩部，蓋口沿罩住器口，蓋沿落于肩部。在春秋中晚期楚墓中開始出現，一直沿襲到戰國中晚期。早期的形態，如淅川下寺二號墓，多爲平蓋，蓋上有四個直立環狀鈕，肩部附一對直立耳，圜底下三矮獸足。晚期蓋變成拱形，中置一環，腹加深，肩部耳外折，

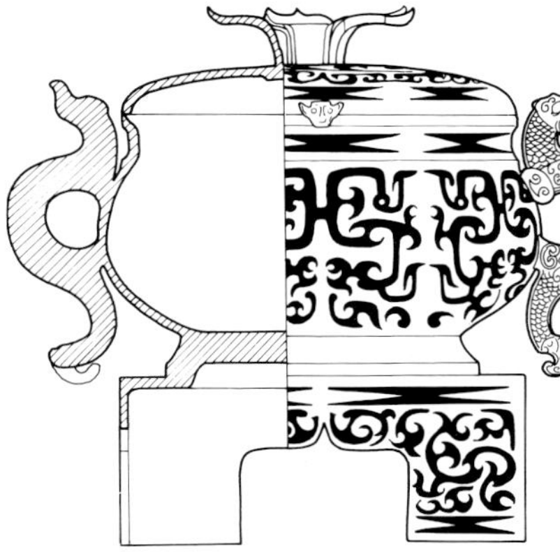

曾侯乙簠

三足增高，多作棱形。這類鼎在中原同時期少見或不見，也是一種具有楚文化特徵的器型。

另外，在曾侯乙墓、壽縣楚幽王墓中出土過一種平底三足、腹部一側有流的青銅鼎稱爲匜鼎。在湖南一帶中小型墓中出土的一種受越文化影響的深腹平底、三足外撇的青銅鼎，都具有明顯的楚國青銅文化風格，也是楚式鼎的形式。

鬲。在楚青銅器中發現不多。春秋晚期以前的楚墓中出土有陶鬲，戰國早期以後，陶鬲在隨葬器中逐漸消失。楚青銅鬲從春秋中期偏晚開始直至戰國晚期在大的貴族墓中都有隨葬。春秋中期偏晚的鬲，如淅川下寺一、二號墓中各出土兩件，一種是仿陶器的鬲，一種是楚禮器的青銅鬲。後一種鬲爲束頸，有中原風格，但腹部繁縟的附飾具有楚國風格，其它諸侯國未見此形，是楚人創新的一種青銅鬲。春秋晚期蔡侯墓出土有八件鬲，器形小、素面、弧形襠，應是楚式鬲的一種形制。戰國早期的曾侯乙墓中，出土有青銅鬲十件，其中九件鬲形體較小，十分精緻、典雅，是受周式鬲影響變化的楚式鬲。

甗。春秋時期出土的曾國青銅甗，具有明顯的中原周文化風格。楚國青銅甗，目前發現最早的爲戰國早期，在戰國晚期楚幽王墓中也有出土。戰國早期甗，如隨州擂鼓墩一、二號墓均有出土，甑大口，厚方唇，短頸，深腹，下部內收，平底矮圈足。頸部兩側，附雙龍蜷曲而成的環耳。環腹部嵌錯勾連粗雲紋和垂葉紋。鬲斂口，束頸，廣肩，鼓腹，高襠，三蹄形款足。戰國中期甗，如荊門包山二號墓所出甗爲斂口，折沿方唇，立耳外侈，上腹鼓，下腹收，矮圈足，甑腹上飾二方連續變形雷紋和變蟬紋。鬲敞口，肩外鼓，弧襠，高柱足。戰國晚期，如楚幽王墓的甗，形體很大，甑有兩附方耳，腹壁較直，鬲體圓鼓似一罐，肩部有外侈的雙耳，三獸形高足。楚式甗與中原地區的甗有明顯區別處，主要在于襠和足的變化。楚鬲的時代愈晚，足愈高，而中原地區則年代愈晚，足愈矮，襠逐漸消失。

簠。是楚重要禮器之一。由于它在楚墓中與鼎相配使用，因而出土較多，且主要出土于大貴族墓葬中。從形制看，目前楚國青銅簠分爲兩種，一種是圈足簠，從春秋早期開始出現，一直到春秋中期偏晚都在使用。春秋早期簠，形體小，斂口，鼓腹，無紋飾，平底圈足下有三小足，形制上基本與西周晚期的無別。而淅川下寺二號墓出土的簠，與西周的相比，紋飾繁縟華

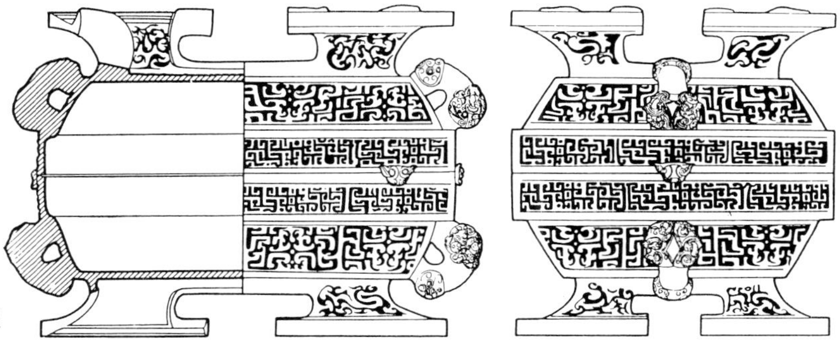
曾侯乙簋

麗，且鑄造精美，反映了楚人在中原周文化的基礎上對青銅簋進行了改進。另外一種簋的形制爲方座簋，時代從春秋晚期偏晚，一直沿用到戰國晚期。簋中最爲精美的代表作如曾侯乙簋，通體鑲嵌鳥首龍紋和流雲紋，器耳由鳥首龍紋構成。又如楚幽王墓中的簋，腹呈扁鼓狀，圈足較高，花紋爲穀紋或穀粒紋。

簠。也是楚重要禮器之一。出土較多，在一些典型的墓葬，如淅川下寺一、八、十號墓，曾侯乙墓，荊門包山二號墓和壽縣楚幽王墓等都有出土。不同時期的簠，區別在于腹壁的比例、器耳和器身上的花紋變化。如春秋早期，斜壁與直壁的比例爲二比一，戰國中期之際，斜壁與直壁的比例近乎相等。戰國中期以後，由斜壁長于直壁變化爲小于直壁。與中原同時期簠比較，楚簠的雙耳爲象形化的龍形，中原簠的雙耳則呈環形；楚簠的紋飾十分精美，中原簠紋飾較爲簡樸。因此，楚青銅簠自春秋晚期後，地方特徵更爲明顯。

盞。是具有楚文化明顯特徵的青銅器。它可能是由西周晚期中原地區的青銅盆演變而來。楚盞出現于春秋中期，使用到戰國早期，後逐漸被敦所取代。在湖南岳陽筻口、湖北當陽、河南淅川下寺一和七號墓、湖北宜城楚皇城、隨州義地崗等地，均發現了此類器形。如淅川下寺一號墓、岳陽筻口的盞，鑄作精工，紋飾華麗，其蓋頂捉手和耳、足，均爲玲瓏剔透的龍形裝飾，是用失蠟法鑄成的。宜城出土的盞，通體鑲嵌龍紋與幾何紋，紋飾極爲精緻。

敦。爲食器。由兩個相同的半球形器扣合而成。出現于春秋晚期，一直使用到戰國中晚期。如河南淅川下寺十號墓，安徽壽縣蔡侯墓，湖南湘鄉何家灣墓，湖北襄陽蔡坡四號墓、江陵望山二號墓、隨州擂鼓墩十三號墓和楚幽王墓等都出土了各個時期的青銅敦。各時期敦的不同處在于器鈕和足。早期敦的器鈕爲環狀，足爲蹄形。戰國早期以後，器鈕、足爲對稱的彎曲成S形的龍形。有的器身還鑄有三角形雲紋，花紋精細。而中原地區的青銅敦，多作小直足，子母口扣合，器身一般素面。

壺。爲酒器。按壺的形態可分爲方壺、圓形壺和提鏈壺三種。

方壺，形制爲長方口，長頸，圓鼓腹，頸腹間有明顯的折棱，腹部有四個寬十字形的凸帶，兩個長S形的龍耳。器形、紋飾隨時代的發展又有所不同。春秋早期方壺，如湖北宜城

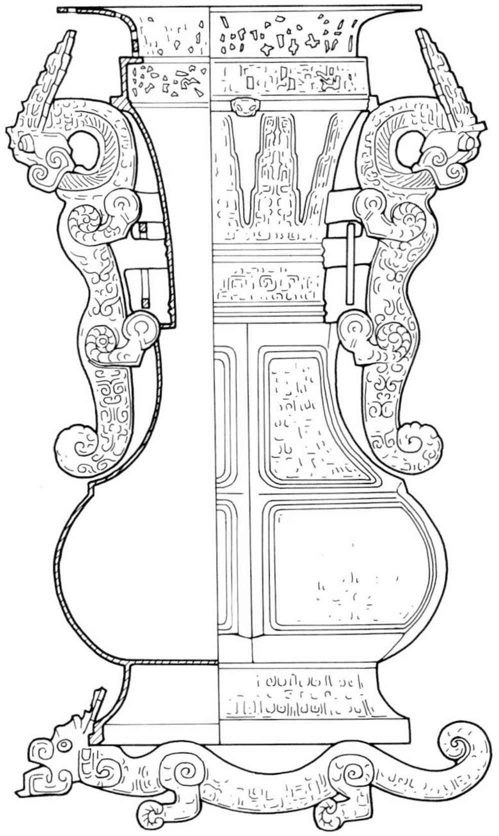

淅川下寺一號墓龍耳方壺

曾侯乙盥缶

楚皇城遺址出土的一件，腹部飾粗獷的單體卷龍紋，圈足飾垂鱗紋，與中原地區西周晚期的方壺基本無別。春秋中期偏晚的方壺，在河南淅川下寺一和二號墓中有出土，它頸部瘦長，下腹鼓出，有透空花紋的壺蓋，兩龍形耳銜環，圈足下有兩龍蹲伏承托壺體。頸部和上腹有蕉葉形蟠蛇紋、竊曲紋，龍耳、龍足的身軀均作透空龍形飾。壺體高大精美，龍的裝飾給人以動態的美感。此壺紋飾華麗，是楚青銅方壺的代表作。春秋晚期蔡侯墓中的方壺，形制與淅川下寺一號墓的相同，但裝飾有變化，蓋作蓮瓣狀，圈足下的四角各蹲一獸，龍耳、獸足不及淅川下寺墓中出土的那樣具有生動、雄勁之感，而呈簡化趨向。戰國早期曾侯乙墓出土的方壺，是一種仿方形壺的圓壺，圓形拱蓋，頸部龍形耳上又飾小龍，圈足下無伏龍或蹲獸。器身飾蟠龍紋。戰國中晚期的方壺，如隨州擂鼓墩二號墓中的方壺，造型簡樸，蓋爲簡化蓮瓣形，龍耳也簡化，僅有圈足，無其它裝飾。從戰國中期開始，四方體鈁開始出現，方壺逐漸消失。

圓形壺，主要流行于戰國時期。形制爲短頸深腹。時代早晚不同的主要區別在于腹部最大徑由中腹漸移至上腹，圈足也不斷升高。楚國圓形壺與中原青銅壺差异在于中原地區壺身鑲嵌動物紋飾，而在楚國壺上基本難尋到此類裝飾，而多飾幾何紋和雲紋。中原地區的青銅壺蓋上有的作蓮瓣形，有的飾一立鳥，此種裝飾在楚青銅壺上不見。

提鏈壺，又稱提梁壺，出現于春秋中期偏晚，一直到戰國時期都使用，是楚青銅器中典型的器物之一。淅川下寺三號墓中的提鏈壺，是目前發現年代最早的。壺的平底下有三小獸足支撑，壺頂飾浮雕盤龍，壺身有四組蟠蛇紋和一周三角雲紋。曾侯乙墓中出土的戰國早期青銅提鏈壺，壺身瘦長，腹部外鼓，上有四個凸出器表的圓渦紋，耳爲龍形，提梁兩端爲龍形。蓋、頸、腹部鑲嵌龍鳳勾連紋、幾何雲紋，具有很強的藝術性。戰國中晚期的提鏈壺，在江陵雨台山四八〇號墓、江陵馬山一號墓、長沙烈士公園三號墓中均有出土，器身均爲瘦長形，頸部細長，下腹有三個鼻鈕，紋飾爲纖細的幾何形雲雷紋。與中原地區的提鏈壺相比，中原地區的壺形不及楚細長，頸部較粗而短，紋飾和提梁也很簡單。

尊缶。是楚青銅酒器中最具楚特色的器型。目前僅出土于楚國大貴族的墓葬中，大夫以下的墓僅發現仿銅的陶尊缶。尊缶形體一般高大，有蓋，圓腹，平唇，腹部有對稱的四個環鈕。淅川下寺一、二、三號墓出土的六件尊缶，是目前所見最早的楚尊缶，時代爲春秋中期偏晚。其特徵是腹部都有對稱的鏈環耳，每個鏈環的兩根鏈杆頂端各有一獸首銜一小環。一端套連于腹部的兩個環鈕內，另一端套連于一個較大的環形捉手之中。春秋晚期的楚尊缶，在淅川下寺十和十一號墓以及壽縣蔡侯墓都有出土，在器形上發生了變化，即頸部稍微內束，腹間界線分明，并列的兩對環鈕變爲對稱的四個環鈕，這種變化沿續到戰國中晚期。在楚國青銅尊缶中，以曾侯乙墓出土的兩件大尊缶更能體現楚國青銅器製作上的高超技藝。兩件尊缶形體高大，通高分別達一百二十五和一百二十六厘米，分別重三百公斤左右，爲青銅器中罕見者。而中原地區的尊缶，一般形體小，紋飾和裝飾簡樸。

盉。是商代開始出現的一種酒器。楚青銅器中的盉基本承襲商周青銅盉的形制，但隨時代不同在形制上也有所變化。楚青銅盉出現于春秋中期偏早，如淅川下寺八號墓中出土的青銅盉，是楚青銅盉的早期形式，形制爲平蓋，蓋沿下垂，罩住口沿，圓鼓腹，彎管狀流，龍首形鋬，三蹄足。蓋上有四個矩形鈕，上腹部有四環形鈕。蓋面飾重環紋、蟠龍紋、綯索紋，腹部爲素面。到春秋晚期，如淅川下寺一和三號墓中的盉，腹較扁，器蓋上已無四鈕而中心綴一環鈕，有鍵與提梁相連，腹部有二個環鈕，提梁、流口、鋬部、蹄足上部均增飾卷雲紋的龍首和獸首，腹部飾細密的蟠龍紋。春秋末期至戰國早期，形制與春秋晚期基本相同，但提梁、流口、鋬部、蹄足裝飾明顯簡化。戰國中晚期的青銅盉，在江陵望山楚墓、包山楚墓有出土，腹部已無花紋，無龍形鋬，提梁也無裝飾，流口作龍首形，但已簡化。個別墓中的盉，足部較高。壽縣楚幽王墓中的盉，爲鐵蹄足，龍形流口，腹部有變形龍紋。中原同時期的青銅盉，整體造型與楚青銅盉基本相同，但紋飾簡化，腹部多爲弦紋，腹側無龍形鋬。

浴缶。又稱盥缶，是一種水器。爲楚國墓葬銅禮器組合的基本器種之一。其形制與中原商周時期的瓿、罍相似。浴缶器形矮胖，小口，有蓋，短頸，圓鼓腹，雙耳。在楚墓中出現于春秋中期偏早，一直沿襲到戰國晚期，其發展形態主要體現在蓋、腹、耳的變化上。春秋中期的浴缶，如淅川下寺七和八號墓中的浴缶，蓋似圈足盤倒扣于器口上，環形雙耳，平底。蓋、腹有蟠龍紋、三角形紋。春秋晚期偏早的浴缶，如淅川下寺二、三號墓的浴缶，它的腹部增加了凸起于器表的圓餅形飾，三號墓中浴缶腹上的圓餅多達十個。二號墓的浴缶，形體高大，器高四十九厘米，蓋與腹部均鑄鑲紅銅龍紋，紋飾精美、華麗。春秋末至戰國早期，浴缶器形與前期相同，如曾侯乙墓中的盥缶，腹部也爲鑄鑲的紅銅龍紋，而紋飾更有韻致。戰國晚期，如壽縣楚幽王墓中的浴缶形體發生了變化，腹部最大徑移至肩部。據有的學者研究，東周中原地區的青銅罍與東周楚國的浴缶，形制上的區別在于罍的頸比浴缶的長，而且罍的蓋沿與器口沿相合，而浴缶的蓋口沿大于器口沿，罩住了器口沿，并落于肩上。罍與浴缶器形上的差异是中原青銅文化和楚青銅文化的主要區別。

盤。有圈足盤、三足盤和無足盤，它們在各個時期都有變化。如圈足盤在春秋中期以前有附耳，圈足下有三小足，而到春秋晚期則逐漸演變爲圈足下無三足，附耳變爲雙環式。三足盤主要流行于春秋晚期或戰國早期，盤底無圈足，底部有三蹄形足。無足盤主要流行于戰國中晚期。與中原東周時期的盤比較，楚國青銅盤紋飾更爲精細、華美，鑄作甚精。而中原的則紋飾簡化，製作粗糙。

在琳瑯滿目的楚青銅器中，淅川下寺墓中出土的銅禁，曾侯乙墓中出土的方形鑑缶、尊盤和建鼓座，特別是曾侯乙墓中的一套編鐘最令人驚异，它們造型巧妙，紋飾精美，鑄造甚精，反映了楚青銅鑄造工藝的高超水平和楚國青銅文化的獨特之處，是我國古代青銅藝術中的杰作。

三

楚、曾國青銅器的裝飾藝術，在繼承中原商周因素的基礎上逐漸建立了自己的風格。它在紋飾題材、組合關係和裝飾手法上，都程度不同地表現了楚文化自身發展的特點和與中原東周青銅器裝飾藝術的不同風格。

楚青銅器裝飾的手法多種多樣，有線雕、浮雕、圓雕、鏤孔等，這些表現形式通過範鑄法、嵌鑄法、卯接法、鑲嵌法、刻劃法、錯金銀和鎏金等技法將各種紋樣裝飾在青銅器上。

楚青銅器的裝飾紋樣與中原一樣，主要分爲動物和幾何形兩大類。動物紋樣是以龍爲主體的變體紋，有竊曲紋、蟠龍紋、蟠蛇紋等。幾何形紋樣是指以自然景象構成的紋樣，如綯索

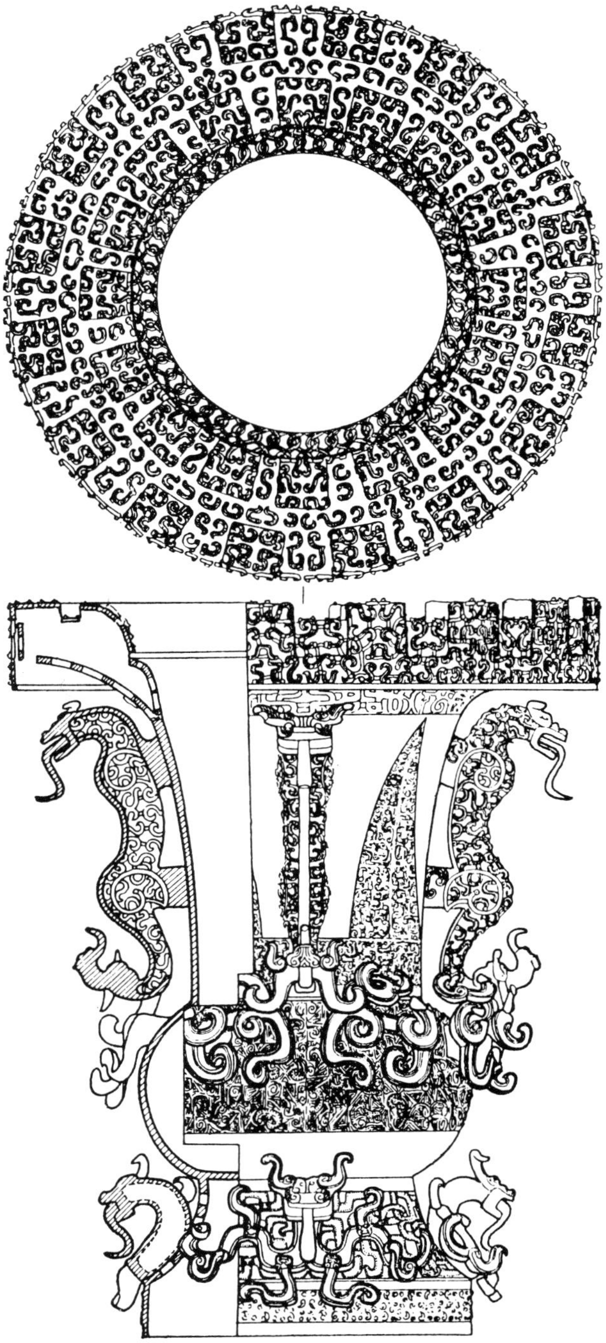

曾侯乙尊盤之尊

紋、環帶紋、重環紋、雲雷紋、勾連雷紋、鱗紋、瓦楞紋、凸弦紋、乳釘紋、圓渦紋、山字形紋、三角形紋和S形紋等，另外還有少量的植物紋樣，如四葉紋、卷葉紋、蕉葉紋、花葉紋、葉脈紋和花瓣紋等。從總的發展看，春秋早期至戰國早期，大多數楚國青銅器以動物紋作爲主要裝飾紋樣，周邊以幾何紋樣作爲襯托。戰國中晚期，僅少數的青銅器仍以動物紋樣作爲主要裝飾，而大多數青銅器則素面或飾以簡單的弦紋等。不過，爲起烘托作用，在蓋鈕、附耳與足上往往飾以圓雕動物形象。

動物紋樣，隨年代發展有一定的變化。春秋中期的動物紋樣比較簡單，線條粗疏，如淅川下寺八號墓出土的青銅簠，蓋頂與器身裝飾的蟠蛇紋線條粗疏，紋樣也較規範而單一，簠耳鑄獸頭狀，花紋淺平。春秋晚期紋飾較爲繁縟，線條纖細俏麗，幷出現高浮雕。如淅川下寺二號

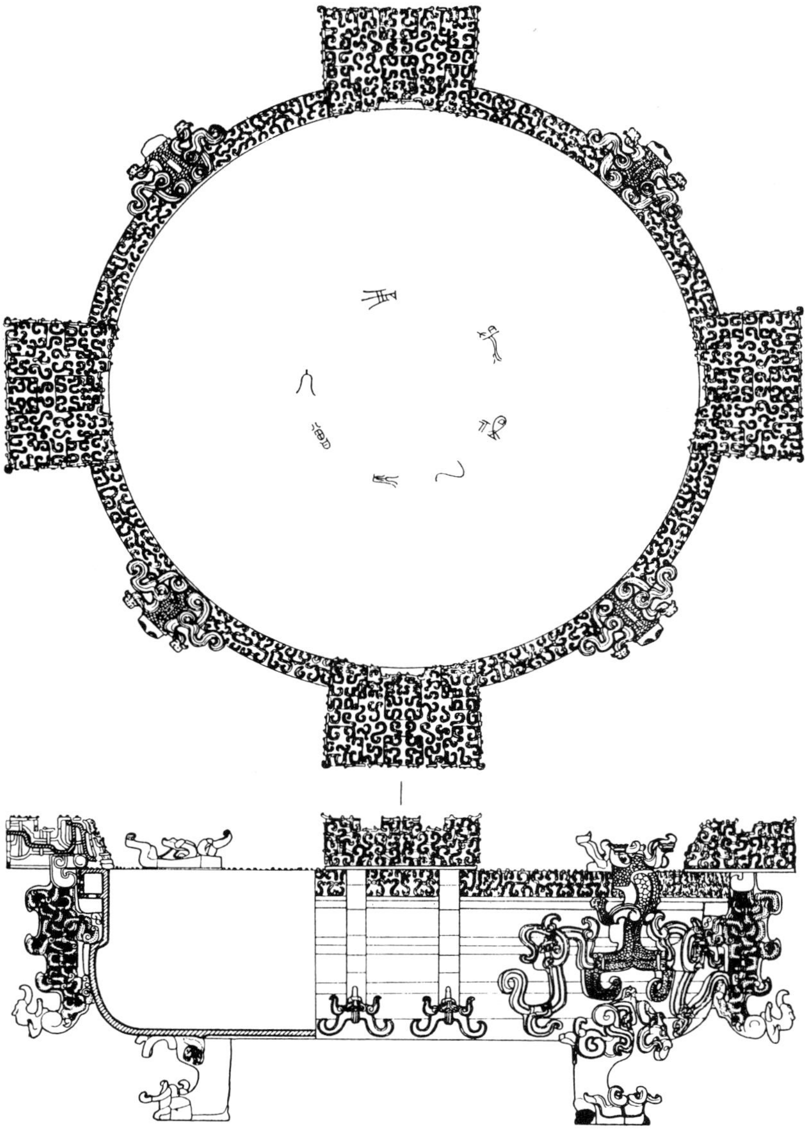

曾侯乙尊盤之盤

墓出土的七件王子午鼎，鼎腹與耳上均浮雕交龍紋，折腹處飾六個怪獸，怪獸的雙角以蟠繞龍紋卷曲而成，每條龍的腰部和尾部上還有兩個怪獸裝飾。戰國早期，楚器上各種動物紋樣盛行，這主要表現在動物紋作爲紋樣主題非常粗獷醒目，有的還用鑲嵌綠松石或紅銅片增加對比色。爲突出動物紋的繁縟多變，增強美感，有些在動物的頭部和身上加飾其它花紋，或由多個動物紋樣構成其它圖案。如曾侯乙墓的C形鼎蓋上的蟠蛇紋，就是在蛇紋的頭部和身上加飾圓圈紋和星點紋，使蟠蛇紋不顯單調而造成變化的藝術效果。戰國中晚期，動物紋樣的數量與種類明顯減少，但圓雕動物較戰國早期略有增加。現就各種動物紋樣叙述如下：

竊曲紋。在楚青銅器中雖數量不多，但使用的時間較長。在春秋早期的楚青銅器上，竊曲紋是一種主要紋飾，裝飾在器物的主要部位，其風格與西周中原青銅器相同，如傳世的楚嬴盤腹部和湖北枝江百里洲銅盤腹部以及河南南陽西關申公彭宇墓出土的銅壺頸部都裝飾竊曲紋。而到春秋晚期或戰國早期，竊曲紋已不再是青銅器上的主體紋樣，僅僅作爲一種陪襯，同時紋樣由春秋早期的古拙粗線體變爲兩細陽線勾勒的細線體。這種具有清秀之感的紋樣，一直延續使用到戰國中期，而在中原地區只延續到春秋時期便消失了。

蟠龍紋。根據龍體的變化，可分爲蟠曲龍紋和蟠繞龍紋。蟠曲龍紋是一種單體變形龍紋構成的一個紋樣單元。單體龍紋互不相連或蟠繞龍紋體軀彎曲成L形、C形、S形或弓形、三角形。這類紋樣由西周中原的夔龍紋衍變而來，在楚器上從春秋時期一直延續到戰國中期都在使用，是一種比較常見的紋樣。如淅川下寺二號墓出土春秋晚期青銅器上的此類紋樣，是由一個或兩個蟠曲龍紋構成二方連續的花紋帶。在這座墓的另一些銅器上也可見到多條龍纏繞的，用細陽線構成的這種紋樣。到戰國早期，蟠曲龍紋變化豐富，如曾侯乙墓銅器上的C形龍紋，內曲成凹形，反首張口，尾亦上卷，體軀內施陰線渦雲紋和點紋。S形龍紋，由兩個頭部反向的S龍形構成一花紋單位，體軀內塡三角形紋、渦雲紋或小星點紋。也有的龍軀爲橫弓形狀，有卷翅，軀內飾密集的星點紋。這種蟠曲龍紋在湖北望山一號楚墓青銅器上則完全變成了線變圖案性龍紋。蟠繞龍紋是由兩條以上的龍相互纏繞形成二方連續或四方連續的紋樣單元。春秋早期的楚器，如湖北枝江百里洲銅匜上的蟠繞龍紋爲二龍呈對轉角式蟠繞狀，體軀內由兩條粗陽線構成。春秋中晚期多爲三龍蟠繞的樣式，如河南淅川下寺二號墓出土的鄬子倗器上的蟠繞龍紋，爲二龍與一內卷的龍成對轉角式纏繞狀，體軀粗大，由四粗陽線構成，呈現粗壯有力的風格。戰國早期到中期，這種紋樣結構發生了變化，如曾侯乙墓出土的銅器上的這類紋樣，變成一種龍軀中脊直線較寬粗，兩邊爲細陰線，兩體軀除自身纏繞外，還和數龍相糾纏的形式。到戰國晚期，如壽縣楚幽王墓中銅器上的這類紋飾則呈簡化趨勢了。

側行龍紋。龍側視有足，仰首或後顧作騰躍狀，富于動感，春秋晚期開始出現。如河南淅川下寺二號墓青銅器上的此類紋樣，龍體較粗，二足作前進狀。湖北襄陽出土的盞上的側行龍紋頭向後仰，頭上有一分叉形的角，頗像鹿角。隨州出土的一件盞上的龍紋似人獸形，也有長角，身軀前後同大。因這兩種式樣均飾于典型的楚青銅器上，應爲楚器紋樣。此類龍紋在曾侯乙墓出土的青銅器上大量流行，而且富于變化。龍體蟠曲較長，身側有的伸出翼形飾，有的作二龍戲珠狀。另有龍紋作鳥首者，有的鳥首高冠尖喙，有的作張口或無喙的，其形態亦優美多姿，富有動感。戰國中晚期後，此類紋飾不多見，即使有類似的紋樣，也變成一種裝飾性的圖案了。

蟠蛇紋。幾條長蛇呈蜿蜒扭結狀，其頭部爲俯視形狀，有角，并口吐長舌，出現于春秋晚期。如湖北當陽楊家山五號墓出土的銅鼎，河南淅川下寺一〇號墓和湖北襄陽山灣三十三號墓出土的銅敦上，均飾一種特別長身軀的蟠蛇紋，蛇自身作8字形扭結，并與左右二蛇扭結形成十分柔和、婉轉對稱的網紋圖案。戰國早期這種紋樣稍有變化，如曾侯乙墓出土的大尊缶上的蟠蛇紋，儘管也是一長蛇自行扭結，又與另兩條作四股扭結，但扭結的部位稍有不同，身軀均由三條陽線構成。這種蟠蛇紋到戰國早期偏晚以後就消失了。此種紋樣在戰國早期的徐國青銅器上有所反映，說明楚文化對它的影響。

尖浮龍紋。爲高浮淺雕的蟠繞龍紋或單體龍紋，密布于器面上，構成斑點狀，有不少尖刺形凸起，故銅器表面凹凸不平，觸之有棘手之感，有人將這種紋樣稱爲「羽翅紋」。從春秋中期偏晚開始出現，一直使用到戰國晚期，是楚青銅器最主要的紋飾之一。河南淅川下寺二號墓出土的王孫誥鐘上的甬、舞、篆部的龍紋身上，有凸起密集的小圓點，鼓部則爲淺浮雕的蟠曲

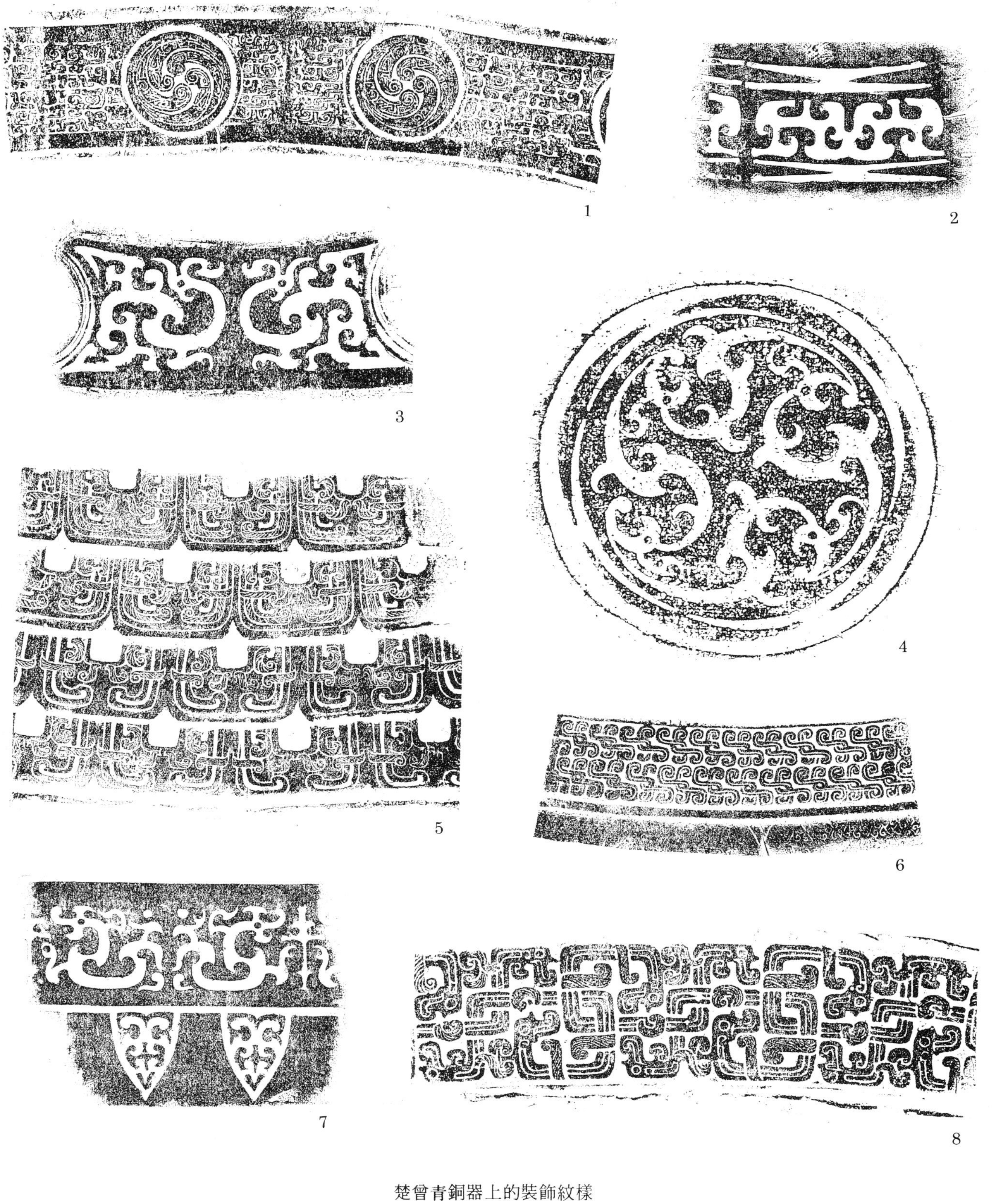

楚曾青銅器上的裝飾紋樣

1. 圓渦紋　2. 勾連雷紋　3. 變形龍紋　4. 連鳳紋

5. 鱗紋　6. 雲雷紋　7. 側行龍紋　8. 蟠蛇紋

龍紋。戰國早期的曾侯乙墓出土的甬鐘和鑑缶的腹部，這種凸起的小圓點更爲密集和突出，凸點多呈較高的尖刺狀，并組成蟠龍紋狀。這種紋飾流行于戰國中期和晚期，如湖北擂鼓墩二號墓銅禮器上的這種紋飾尖狀突出，也相當繁密。湖北荊門包山二號墓出土銅器上的這種尖刺形圓點，較爲稀疏，浮雕狀龍紋軀體較清晰。戰國晚期的楚幽王墓中的銅器上，已簡化了形式，尖刺不很突起了，爲一種粟米紋或縠紋的形式。

雙勾龍紋。由兩條細陽線或細陰線勾勒而成，龍體內大都無塡紋。它與竊曲紋有明顯不同，龍身有作單體的，也有纏繞的。在楚器中最早見于河南淅川下寺二號墓出土的升鼎與方壺上。戰國早期曾侯乙墓中的大尊缶上、戰國中期的曾姬無方壺上均有這種陽線雙勾龍紋。曾侯乙墓的大尊缶上的這種紋飾，龍首作吐舌狀，雙線構成的身軀極粗肥。細陰線的雙勾龍紋，目前發現不多，僅見于曾侯乙墓的銅斗柄上，是由兩條陰線刻紋構成雙勾龍紋，體軀呈弓形彎曲，身很長，龍首作俯視狀。

變形雲龍紋。由雙線構成變形雲龍，身軀內塡以圓渦雲紋、三角雲紋或星點紋，龍身呈方形轉折狀，首尾變形。如戰國早期曾侯乙墓出土的青銅鑑缶、匜、鼎上和戰國中期偏早的擂鼓墩二號墓出土的銅鼎上，都裝飾有這種變形雲龍紋。此類紋樣的另一種變體有人稱之爲方勾連紋，是由較多幾何形線條構成的變形雲龍紋。這種紋樣，往往係鑲嵌而成，有的雲龍紋體較粗，個別的此類紋樣還保留有龍的目形。到戰國中晚期，此類紋樣已圖案化了。

鳳紋。在楚青銅器中不多見，目前可見到用鳳鳥作裝飾的青銅器，在曾侯乙墓、荊門包山二號墓、江陵望山二號墓中可以見到，這些鳳紋圖案極爲優美。戰國晚期，如安徽壽縣楚幽王墓的銅器上仍可見到變形的鳳紋。

除以上動物紋樣外，商周時期其它的獸面紋在東周楚器紋樣裝飾中仍保存有遺風，但已變形，且已退居器物的次要部位，如鼎的耳鈕、足部上常裝飾變化了的獸面紋。此外，在戰國時期的楚青銅鼎蓋上，往往可見到一些寫實性動物，採用圓雕鑄成的小立牛或臥牛形鈕較爲多見，這也是戰國楚青銅器的一個特點。

幾何形紋樣，是由點、線構成的幾何形圖案。在楚青銅器上較常見，但它在戰國中期以

江陵望山二號墓錯銀雲紋樽

前，僅僅作爲動物紋樣的烘托。戰國中期以後，這種紋樣才作爲某些青銅器上的主要紋飾，如弦紋、方形連紋、山字紋等。幾何形紋因年代不同，也產生了一定的變化，如菱形紋、星點紋、三角形紋和弦紋等，春秋時期少見，而戰國時期常見。圓渦紋在春秋時期較爲繁複，而戰國早期較爲簡化。星點紋在春秋晚期多爲平面，到戰國時期開始出現半浮雕形式。

植物紋樣，大多裝飾在青銅器皿表面與銅鏡背面，楚青銅器的植物紋樣在商周中原因素基礎上有一定的發展，不僅樣式較商周時代多，而且表現手法也由單純的凹線模印鑄造方法發展爲淺浮雕與凹凸線條模印範鑄法。在楚器上，春秋時期主要以蕉葉紋、卷葉紋和花瓣紋爲主，戰國時期以花朵形紋、花葉紋、葉脈紋和四葉紋等較爲常見。植物紋在青銅器的裝飾中，主要是起襯托動物紋樣的裝飾作用，極個別者作爲主要裝飾紋樣，如戰國時期的銅鏡背面紋飾，絕大多數採用了植物紋。

在楚青銅器的裝飾藝術中，除紋樣裝飾外，特別值得一提的是用失蠟法鑄造的主體圓雕龍形裝飾，這是楚青銅器的一個顯著特點。此類裝飾往往作爲器體組成部分的構件，如器耳、器鈕、器足等，在春秋晚期和戰國早期的楚青銅器上特別多見，富有獨特的風格。這種裝飾手法有三方面的特點，一是龍形多樣化。如淅川下寺墓的銅方壺上的龍耳，曾侯乙墓的鎛鐘上的龍鈕和鑑缶、方壺的龍耳等。有的爲鳥頭龍身，如曾侯乙墓的簋耳。有的體似獸形，如曾侯乙墓升鼎腹部上的攀龍。有的爲鏤孔形龍，如曾侯乙墓的尊盤上的攀龍。二是龍上附龍，有的一條龍上有多條小龍。如淅川下寺墓升鼎的六個龍形附飾，每個附飾的龍首和尾上均附着四小龍。曾侯乙墓尊盤的龍形附飾上，尊體下方的兩身龍形飾上，各附四條小龍，盤體上四個雙身龍附飾上，又各附三條小龍。衆多的龍集于一身，姿態各异，具有很強的動感。三是立雕或浮雕的龍相互穿插、糾結。如曾侯乙墓中出土的建鼓銅座，在插鼓的圓柱周圍均飾圓雕龍群，由八對粗壯大龍軀干及攀附其身、首、尾的數十條小龍組成，這些大大小小的龍均仰首擺尾，穿插糾結，以多變的形態和對稱的布局構成了極其繁複的主體造型，在青銅器中實屬罕見。

楚青銅器上的銘文，除銘文自身用途外，也具有一種裝飾作用。楚文字從春秋中晚期開始形成一定風格，字體趨向修長，仰首伸脚，筆劃富于變化，多波折彎曲，是當時的美術字。在

淅川下寺二號墓王子午鼎上的銘文

春秋晚期，如淅川下寺二號墓中的王子午鼎上的銘文，筆劃扭曲較甚，略具蟲形，是我國古代蟲書的雛形。春秋晚期或戰國早期，楚青銅器上出現了鳥篆文，它是在戰國篆書的基礎上，增添筆劃，以像鳥形，其繁者與楚漆器上的鳳紋相似，饒有裝飾情趣。戰國早期，楚文字仍爲修長多波曲的作風，戰國中期以後，銘文字體趨向方正和扁平。這些銘文也爲研究楚國青銅器提供了重要依據。

四

楚國的青銅鑄造工藝技術具有很高的水平，它鑄造的青銅器，無論是器物造型之複雜，還是紋樣裝飾之精美，都在東周列國中堪稱先進，許多典型器精妙絶倫，世所罕見，其工藝達到了爐火純青的地步。

楚國青銅鑄造工藝的發展，是在繼承和普遍沿用商周以來的青銅鑄造工藝的基礎上，吸收其它諸侯國先進的鑄造工藝進一步創新的結果。如失蠟法就是楚人在春秋時期創造出的一種獨步一時的鑄造新工藝，用這種複雜的鑄造工藝，楚人鑄造出了先秦時代和其它諸侯國不能比擬的光輝燦爛和獨放异彩的青銅器。典型的例子如河南淅川下寺楚墓中的銅禁，湖北曾侯乙墓中尊盤。楚人發明的失蠟法在中國和世界鑄造工藝發展史上寫下了光輝的一頁。

楚國的青銅器鑄造工藝，主要有分範合鑄法、鑄焊法和失蠟法等，這些工藝往往在一件青銅器的鑄造過程中綜合運用，有機地結合，從而使青銅器的器形和紋飾更加完美。綜合起來看，楚國青銅鑄造工藝有以下幾個特點：

（一）組合陶範鑄造技術達到了新的高度。曾侯乙編鐘以它數量多、形體大、冶鑄精良而成爲世界上罕見的藝術珍品。這是一套完整的六十五件編鐘，編鐘大小、重量不一，而且具有不同的音色、音高、音域和音列效果，而當時的匠師，要精確地達到上述效果，就必須對不同的鐘採用不同的含錫、銅和鉛的成份配方，掌握銅、錫、鉛的聲學和物理特性。同時爲了達到工藝效果，可能還採用了預熱鑄型、延時脱範等手段，利用鑄型和金屬餘熱進行均勻退火來改善金相組織，以減少殲餘應力，保持音頻的穩定，這無疑反映了當時鑄造工藝的先進水平。據專家研究，鑄鐘時爲使音響純正諧和，必須將枚和鐘體一次鑄成。這個過程非常複雜，如第三組甬鐘，一件甬鐘上的每一個枚，至少要有兩範，三十六個枚合計爲七十二個範，除甬部爲鑄接而成。鑄製時，鐘體部分需一百零八塊範拼合在一起，澆注時還要求把已鑄好的甬嵌入範內。鑄出來的鐘不僅要求每一塊範不錯位，以保障型體完整美觀，而且還要求鐘壁的厚度必須達到設計要求，才能保障音響效果。製作者先將細泥做成泥範，讓它慢慢蒸發水分陰干，然後燒成陶範。一件鐘一百多塊範，要求塊塊都不干裂，焙燒時不變形，以保證最後拼合時的嚴密，其難度可想而知。曾侯乙編鐘的外形美觀，花紋精細，如鐘體鼓部和篆帶間蟠龍紋的龍角、鰭、爪彎轉翹起，幷成體刺狀，有些花紋鑄造的清晰程度，現代技術都難以達到。可見當時的鑄造工藝達到了何等高超和嫻熟的程度。

（二）分鑄法普遍使用幷有新的發展。青銅器器身與附件不是一次鑄成的鑄造工藝，出現在商代，但沿用到東周，楚的青銅鑄造工藝仍大量使用。商和西周時，青銅器是先鑄器身，後鑄附件，到春秋時期則以先鑄附件後鑄器身爲分鑄法的主流。這種分鑄法反映在河南淅川下寺楚墓和曾侯乙墓出土的青銅器上最爲明顯。淅川下寺七號和十一號墓中出土的鼎，在鑄造耳、足等附件的同時，還分鑄大件的主體。曾侯乙墓中的兩件大尊缶，則是採用分段澆鑄的方法鑄成，即先用四塊外範和一塊內模鑄成上半段，再接鑄下半段和器底，因此兩相結合處明顯加厚，器表內外形成一寬大的凸箍帶。此墓所出聯禁大壺則是分三節鑄造的。雖然這種分鑄法在商代已採用了預熱措施，但所鑄器物一般較小。曾侯乙墓中的大尊缶、聯禁大壺的預熱相對要困難得多，因此，與它設計的巧思、工序的緊密銜接相配合，其技術的複雜與熟練程度都是難以想像的。我們從實物觀察分鑄連接的結合處達到了天衣無縫的效果，可知所採用的工藝已相當完善。大件銅器主體採用分鑄法或分節鑄造法，無疑是我國古代鑄造工藝的一個大發展，其鑄造工藝技術達到了新的高度。

（三）分鑄和焊接技術相結合，焊接技術廣泛應用。用分鑄法鑄造的主要是大型和複雜的器形，若要進一步豐富造型、裝飾附件還須採用銅焊接技術。如淅川下寺墓出土的銅鼎，器身採用分鑄法鑄造而成，但它的足和附屬怪獸是用焊接方法裝飾在鼎上的。這兩種技術工藝的結合使用在春秋中期已較普遍，到春秋末期或戰國早期，焊接技術的應用更爲廣泛，技術更趨成熟了。如曾侯乙墓中的鑑缶和聯禁大壺的耳就採用了銅焊接法。當時焊接工藝除銅焊之外，還採用了鉛錫合金焊接，曾侯乙墓的大平底鼎的腿和簋的龍形耳以及鑑缶的龍頭焊接，焊料爲鉛、錫合金，這是目前國內發現最早的鉛錫合金焊料。在曾侯乙墓銅器中還使用了多種焊接的方式，如榫卯焊接法，這是以前銅器中很少見到的，前述簋、聯禁大壺和鑑缶等的龍形附飾，就使用了這種焊接方式。另外鑄出孔焊接法，在河南淅川下寺一號墓鼎腹上的六個怪獸和鼎耳均已採用。還有一種組裝焊接，如曾侯乙墓中的建鼓座，是將座體盤附的十六條龍，按塊分鑄成二十二節，然後焊接，再和座體上的十四個接頭焊接成一體。這種焊接實爲罕見。

（四）失蠟法的應用達到了新的高度。青銅器的鑄造工藝隨着生產力的發展和社會的進步，其技藝也有所創新，在楚青銅器鑄造工藝上，發現了最早使用失蠟法鑄造工藝的青銅器。失蠟法的使用是冶鑄史上的一個突破和進步。所謂失蠟法就是將蠟料作成蠟模，繼而在蠟模的外表澆淋泥漿并塗抹砂石粉末的耐火材料，硬化之後便形成比較堅固的外殼，即鑄型，然後加熱使蠟熔化并從鑄型中流出，這樣就形成了鑄件所需的外模。失蠟法是一種工藝極其複雜，技術先進的青銅鑄造工藝，河南淅川下寺二號墓的銅禁、銅壺的蓋冠，一號墓的銅盞附件，十一號墓的銅帶鉤，一和二號墓的鼎附獸等都是我國目前發現時代最早的失蠟法鑄件。失蠟法的開始運用在楚地至遲在春秋中期，最典型的器物是淅川下寺二號墓的長方形銅禁，此器上下共有二十四隻鏤孔透雕獸，器體表面周圍均爲鏤孔飾，經研究，禁體蠟模係用二十八個部件焊成，焊接部位表現不夠平整，焊縫較寬而走向不直，具有蠟熱焊時的特徵。曾侯乙墓的尊盤，是我國東周青銅器中最精美、紋飾最複雜的稀世珍寶之一。尊的口沿透雕鏤孔成爲兩層，外層爲高低相間的蟠蛇紋，內層爲蟠龍紋，盤的口沿上的四個方耳，其兩側爲扁形鏤孔龍紋。這些表層紋飾，不同于一般的鏤空紋，它們互不銜接，彼此獨立，全靠內層銅梗支撑，而內層銅梗又分層聯結構成一個整體。楚人成功地運用失蠟法工藝使這件器物達到玲瓏剔透、節奏鮮明的藝術效果。

在楚青銅鑄造工藝中，楚人還大量使用了鑄鑲法和鎏金工藝，河南信陽長台關楚墓中出土的鎏金銅帶鈎是目前發現最早的鎏金青銅器。

楚國精湛的青銅鑄造工藝技術，特別是失蠟法的發明，是楚人偏向于纖麗奇詭的審美心理在青銅藝術上的體現。

楚青銅藝術是我國統一青銅文化中的一個重要組成部分，它由商和西周青銅文化的基礎上發展而來，體現在楚人埋葬制度中使用的棺椁重數、銅禮器的組合等方面基本上遵循了周禮禮制。從器物形態上看，楚國的鼎、鬲、簠、簋、壺、缶等也都是在商周器物的母體上加以改進和創新的。紋飾風格上，楚器上的各種龍紋（包括蟠龍紋、蟠蛇紋）、雲紋和幾何紋，也都未脫離商和西周的主題和基本形式。冶鑄工藝同樣離不開商和西周陶範法的基礎。春秋中期以後，由于周王室的衰弱，地處南方的楚、曾等諸侯國迅速強大，在發展自身文化優勢的同時，不斷吸收周圍地區文化的先進因素，青銅藝術逐漸具有楚民族文化的特徵。雖然未擺脫周禮制，但隨葬青銅器的組合與青銅器器型都明顯發生了變化，產生了多種形式的鼎、鑑缶和浴缶。同時，裝飾上精美、繁縟、華麗的風格反映了楚人獨特的審美意識，典型器如河南淅川下寺楚墓、曾侯乙墓中的青銅器。在冶鑄工藝上，楚人成功地運用失蠟法，使青銅工藝達到了爐火純青的地步。楚青銅藝術發展的高度水平和獨特風格，不僅影響了周邊的巴蜀、百越，同時也影響了周邊的中原青銅文化。

附注

①《左傳·昭公十二年》。
②《史記·楚世家》。
③《韓非子·有度》。
④《淮南子·兵略訓》。

⑤ 李學勤：《曾國之謎》，《新出青銅器研究》第一四六頁，文物出版社，一九九六年。

⑥ 轉引劉彬徽：《楚系青銅器研究》，湖北教育出版社，一九九五年。

⑦ 同⑥。

⑧ 同⑥。

⑨ 楚文化研究會：《楚文化考古大事記》第五、六頁，文物出版社，一九八四年。

⑩ 高至喜：《楚文化的南漸》，湖北教育出版社，一九九五年；岳陽市文物工作隊：《岳陽縣鳳形嘴山一號墓發掘簡報》，《文物》一九九三年第一期。

⑪ 河南省文物研究所：《信陽楚墓》，文物出版社，一九八六年。

⑫ 荆州地區博物館：《江陵雨台山楚墓》，文物出版社，一九八四年。

⑬ 湖北省文物考古研究所：《江陵望山沙塚楚墓》，文物出版社，一九九六年。

⑭ 荆州地區博物館：《江陵天星觀一號楚墓》，《考古學報》一九八二年第一期。

⑮ 湖北省荆沙鐵路考古隊：《包山楚墓》，文物出版社，一九九一年。

⑯ 楚文化研究會：《楚文化考古大事記》第七十四頁，文物出版社，一九八四年。

⑰ 湖北省文物考古研究所：《江陵九店東周墓》，科學出版社，一九九五年。

⑱ 湖北省博物館：《湖北枝江百里洲發現春秋銅器》，《文物》一九七二年第三期。

⑲ 湖北省博物館：《襄陽山灣東周墓葬發掘報告》，《江漢考古》一九八三年第二期。

⑳ 楚文化研究會：《楚文化考古大事記》第七〇頁，文物出版社，一九八四年。

㉑ 淅川縣博物館、南陽地區文物隊：《淅川縣毛坪楚墓發掘簡報》，《中原文物》一九八二年第一期。

㉒ 河南省文物考古研究所、河南省丹江庫區考古發掘隊、淅川縣博物館：《淅川下寺春秋楚墓》，文物出版社，一九九一年。

㉓ 安徽省文物工作隊：《安徽長豐楊公發掘九座戰國墓》，《考古學集刊》一九八二年第二期。

㉔ 安徽省文物工作隊：《安徽文物考古工作新收穫》，《文物考古工作三十年》，文物出版社，一九七九年。

㉕ 李零、劉雨：《楚郙陵君三器》，《文物》一九八〇年第八期。

㉖ 楚文化研究會：《楚文化考古大事記》第一二五頁，文物出版社，一九八四年；張志新：《吳縣何山楚墓出土文物及其意義》，江蘇《文博通訊》第三十三期，一九八〇年十二月。

㉗ 王有鵬：《成都地區楚式敦的出土及開明氏蜀族試探》，《中國考古學會第七次年會論文集》，文物出版社，一九九二年。

㉘ 徐恆彬：《試論楚文物對廣東歷史發展的作用》，《中國考古學會第二次年會論文集》，文物出版社，一九八二年。

㉙ 廣西壯族自治區文物工作隊：《平樂銀山嶺戰國墓》，《考古學報》一九七八年第二期。

㉚ 彭適凡：《江西地區出土商周青銅器的分析與分期》，《中國考古學會第一次年會論文集》，文物出版社，一九八〇年。

㉛ 山東省博物館：《三十年來山東省文物考古工作》，《文物考古工作三十年》，文物出版社，一九七九年。

㉜ 李學勤：《曾國之謎》，《新出青銅器研究》第一四六頁，文物出版社，一九九〇年。

㉝ 郭沫若：《兩周金文辭大系圖錄考釋》，科學出版社，一九五七年。

㉞ 楊寶成：《試論隨棘地區的兩周青銅器》，《中國考古學會第七次年會論文集》，文物出版社，一九九二年。

㉟ 湖北省博物館：《湖北京山發現曾國銅器》，《文物》一九七二年第二期。

㊱ 鄂兵：《湖北隨縣發現曾國銅器》，《文物》一九七三年第五期。

㊲ 河南省博物館：《河南新野發現的曾國銅器》，《文物》一九七三年第五期；《湖南新野古墓清理簡報》，《文物資料叢刊》第二期，一九七八年。

㊳ 隨州市博物館：《湖北隨縣新發現古代青銅器》，《考古》一九八二年第二期；田海峰：《湖北秦陽縣又發現曾國銅器》，《江漢考古》一九八三年第三期；徐正國：《秦陽東趙湖再次出土青銅器》，《江漢考古》一九八四年第一期。

㊴ 湖北省博物館：《曾侯乙墓》，文物出版社，一九八九年；湖北省博物館、隨州市博物館：《湖北隨州擂鼓墩二號墓發掘簡報》，《文物》一九八五年第一期。

㊵ 同⑥。

㊶ 同⑥。

㊷ 高仲達：《湖北當陽趙家塝楚墓發掘簡報》，《江漢考古》一九八二年第一期；《當陽趙家湖楚墓》，文物出版社，一九九二年。

㊸ 湖北省博物館：《湖北枝江百里洲發現春秋銅器》，《文物》一九七二年第三期。

㊹ 王儒林、崔慶明：《南陽市西關出土一批春秋青銅器》，《中原文物》一九八二年第二期。

㊺ 信陽地區文管會、信陽市文化局：《河南信陽市平橋春秋墓發掘簡報》，《文物》一九八一年第一期。

㊻ 同㉒。

㊼ 同㊷。

㊽ 荊州地區博物館：《江陵岳山大隊出土一批春秋青銅器》，《文物》一九八二年第十期。

㊾ 湖北省博物館：《襄陽山灣東周墓葬發掘報告》，《江漢考古》一九八三年第二期。

㊿ 余秀翠：《當陽發現一組春秋銅器》，《江漢考古》一九八二年第一期。

51 同㉒。

52 岳陽市文物工作隊：《岳陽縣鳳形嘴山一號墓發掘簡報》，《文物》一九九三年第一期。

53 湘鄉縣博物館：《湘鄉縣五里橋、何家灣古墓葬發掘簡報》，《湖南考古輯刊》第三集，岳麓書社，一九八六年。

54 同㊴。

55 湖南省博物館：《長沙瀏城橋一號墓》，《考古學報》一九七二年第一期。

56 湖北省博物館：《襄陽蔡坡戰國墓》，《江漢考古》一九八五年第一期。

57 安徽省文物工作隊：《安徽舒城九里墩春秋墓》，《考古學報》一九八二年第一期。

㊳ 同⑪。
㊴ 同⑭。
㊵ 湖北省博物館、隨州市博物館：《湖北隨州擂鼓墩二號墓發掘簡報》，《文物》一九八五年第一期；王世振：《隨州擂鼓墩磚瓦廠十三號墓發掘簡報》，《江漢考古》一九八四年第三期。
㊶ 同⑬。
㊷ 見湖北省博物館一九六二年發掘資料。
㊸ 同⑮。
㊹ 荆州地區博物館：《江陵李家台楚墓清理簡報》，《江漢考古》一九八五年第三期。
㊺ 湖南省博物館、常德地區文物工作隊：《臨澧九里楚墓》，《湖南考古輯刊》第三集，岳麓書社，一九八六年。
㊻ 長沙市文物工作隊：《長沙市荷花池一號戰國木椁墓發掘簡報》，《湖南考古輯刊》第五集，岳麓書社，一九八九年。
㊼ 周世榮：《長沙烈士公園清理的戰國墓》，《考古通訊》一九五八年第六期。
㊽ 中國科學院考古研究所：《長沙發掘報告》，科學出版社，一九五七年。
㊾ 李景聃：《壽縣楚墓調查報告》，《田野考古報告》第一册，一九三六年；李零：《論東周楚國典型銅器群》，《中國古文字研究會第六次年會論文集》，一九九〇年；曹淑琴、殷偉璋：《壽縣朱家集銅器群研究》，《考古學文化論文集》第一集，文物出版社，一九八七年。
㊿ 荆州地區博物館：《江陵馬山一號楚墓》，文物出版社，一九八五年。
(71) 同⑫。
(72) 單先進、熊傳薪：《長沙識字嶺戰國墓》，《考古》一九七七年第一期。
(73) 湖南省博物館：《湖南常德德山楚墓發掘報告》，《考古》一九六三年第九期。

圖版

一　克黃鼎　春秋中期

二　鄧公乘鼎　春秋中期

三　王子午鼎　春秋晚期

五　蟠蛇紋鼎　春秋中期

四　變形交龍紋鼎　春秋中

六　楚子鼎　春秋晚期

七　倗鼎　春秋晚期

八　蟠蛇紋鼎　春秋晚期

九　曾太師鼎　春秋晚期

一〇　鑄客鼎　戰國晚期

一一　酓肯釶鼎　戰國

一二　四聯鼎　戰國晚期

一三　臥牛鈕鼎　戰國中期

一四　蟠龍紋鬲　春秋晚期

一五　繩紋鬲　春秋晚期

一六　交龍紋鬲　春秋晚期

一七　龍紋方甗　春秋早期

一八　鑄客甗　戰國晚期

一九　鄬子倗簋　春秋晚期

二〇　交龍紋簋　春秋晚期

二一　羽翅紋簠　戰國晚期

二二　彭宇簠　春秋

二三　子季嬴青簠　春秋晚期

二四　何次簠　春秋中期

二五　棄疾簠　春秋晚期

二六　變形蟠蛇紋敦　春秋晚期

二七　鑲嵌雲紋敦　戰國早期

二八　鑲嵌幾何紋敦　戰國中期

二九　蟠蛇紋盞　春秋晚期

三〇　郙子行盆　春秋中期

三一　鑲嵌獸紋方豆　春秋晚期

三二　勾連雲紋豆　戰國中期

三三　素面方豆　戰國中期

三四　交龍紋斗　春秋晚期

三五　龍耳方壺　春秋晚期

三六　蟠蛇紋提鏈壺　春秋晚期

三七　鑲嵌雲紋壺　戰國中期

三八　錯銀鳥紋壺　戰國中期

三九　鑲嵌龍紋壺　戰國中期

四〇　雲紋壺　戰國晚期

四一　變形龍紋鏈壺　戰國中期

四二　蟠蛇紋鏈壺　戰國中期

四三　蟠蛇紋鏈壺　戰國中期

四四　鑲嵌幾何紋方壺　戰國中期

四五　　子倗尊缶　春秋晚期

四六　倗尊缶　春秋晚期

四七　鑲嵌雲紋缶　戰國早期

八、四九　羽翅紋尊缶　戰國中期

五〇　羽翅絡紋罍　　戰國早期

五一　錯銀雲紋樽　戰國中期

五二　雲紋樽　戰國中期

五三　錯金銀雲紋樽　戰國中期

五四　鑲嵌龍紋鉶　　春秋晚期

五五　鑲嵌雲紋盒　戰國中期

五六、五七　鑲嵌雲紋盒　戰國晚期

五八　鑲嵌雲紋盒　戰國中期

五九　大府鎬　戰國晚期

六〇　蟠蛇紋龍耳鉶　戰國早期

六一　鷹流杯　戰國中期

六二　蟠蛇紋盉　春秋晚期

六三　蟠蛇紋盉　春秋晚期

六四　鄬子倗浴缶　春秋晚期

六五　倗盥缶　春秋晚期

六六　交龍紋盥缶　春秋中期

六七　楚高盥缶　戰國晚期

六八　蟠蛇紋盥缶　戰國中期

六九　羽翅紋盥缶　戰國晚期

七〇　蟠蛇紋盤　春秋晚期

七一　蟠蛇紋匜　春秋晚期

七二　𦝠父匜　春秋中期

七三　集醽爐　戰國晚期

七四、七五　雲紋方爐　戰國晚期

七六、七七　透雕雲紋禁　春秋晚期

七八　透雕變形龍紋俎　春秋晚期

七九　透雕龍紋薰　戰國中晚期

八〇　透雕交龍紋薰　戰國中期

八一　透雕鳳紋薰　戰國中期

八二　人擎燈　戰國中期

八三　騎駝人擎燈　戰國晚期

八五　大𢉖卧牛　戰國晚期

八四　神獸　春秋晚其

八六　展翅攫蛇鷹　戰國晚期

八七　飛鳥器　戰國中期

八八　虎頭形較首　戰國中期

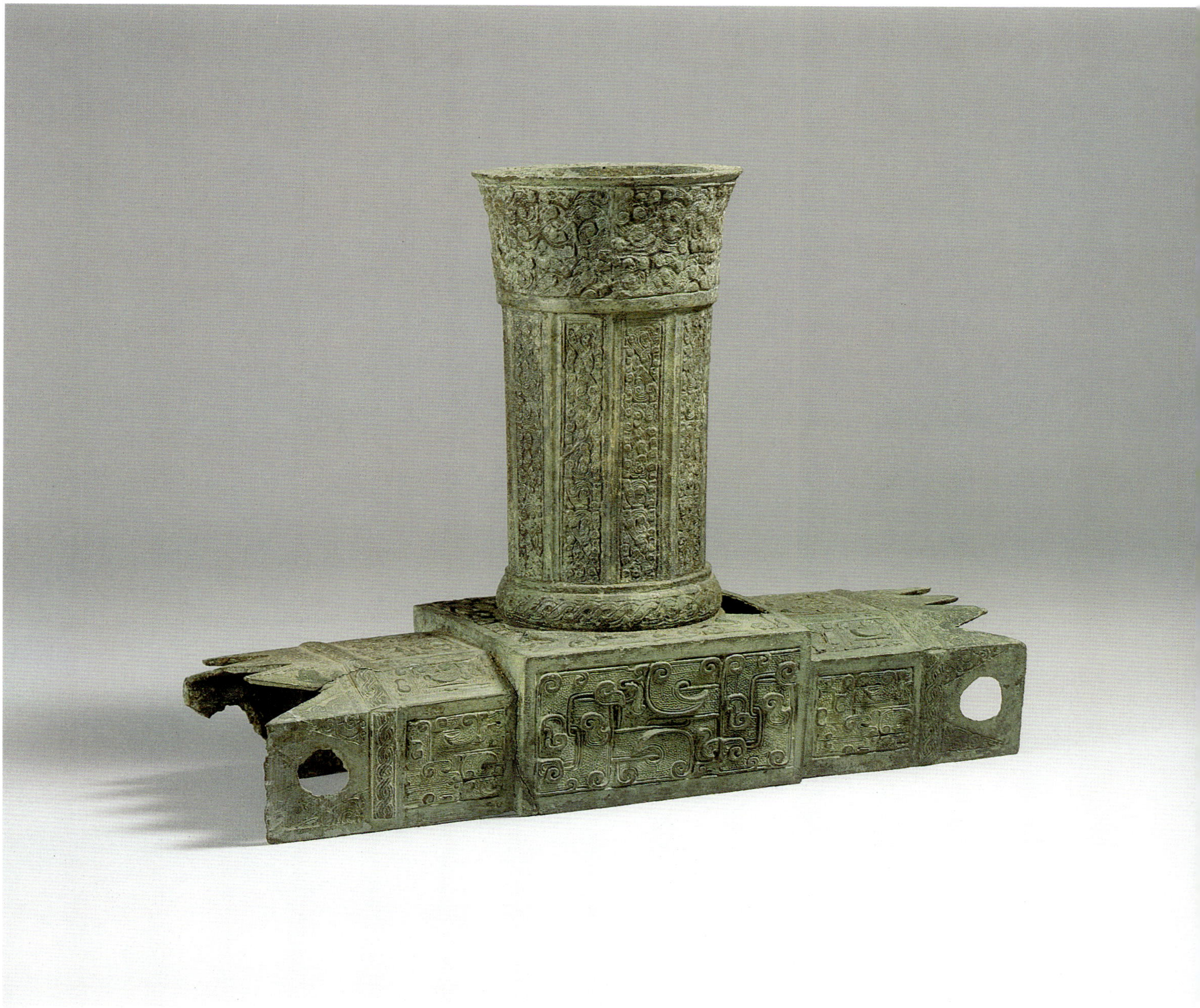

八九　交龍紋插座　戰國中期

九〇、九一　錯金銀龍形轅頭　戰國晚期

九二、九三　**𨚕篙**編鐘　戰國早期

九四　𨙶子受鐘　春秋中期

九五　秦王卑命鐘　戰國中期

九七　龍紋鐃鈎鑃　戰國中期

九六　虎紋錞于　戰國晚期

九八　鄂君啓節　戰國晚期

九九　王孫誥戈　春秋晚期

一〇〇　卷雲紋戈　戰國中期

一〇一　透雕佣矛　春秋晚期

一〇二　曾侯仲子游父鼎　春秋早期

一〇三　曾仲斿父鋪　春秋早期

一〇四、一〇五　曾仲斿父方壺　春秋早期

一〇六　波曲紋盉　春秋早期

一〇七　竊曲紋匜　春秋早期

一〇八　竊曲紋盤　春秋早期

一〇九、一一〇　曾侯乙鼎　戰國早期

一一一　曾侯乙鼎　戰國早期

一一三　曾侯乙鼎　戰國早期

一一二　曾侯乙鼎　戰國早期

一一四　曾侯乙鼎　戰國早期

一一五　曾侯乙匜鼎　戰國早期

一一六　曾侯乙鬲　　戰國早期

一一八　曾侯乙簋　戰國早期

一一七　曾侯乙甗　戰國早期

一一九　曾侯乙簠　戰國早期

一二〇、一二一　曾侯乙豆　戰國早期

一二二　曾侯乙匜　戰國早期
一二三　曾侯乙盤　戰國早期

一二四　曾侯乙匜、盤　戰國早期

一二五　曾侯乙匜　戰國早期

一二六　聯禁龍紋壺　戰國早期

一二七　曾侯乙提鏈壺　戰國早期

一二八、一二九　曾侯乙提鏈鑑　戰國早期

一三〇——一三三　曾侯乙鑑缶　戰國早期

一三四、一三五　曾侯乙大尊缶　戰國早期

一三六　曾侯乙盥缶　戰國早期

一三七　曾侯乙尊、盤　戰國早期

一三八—一四〇
曾侯乙尊　戰國早期

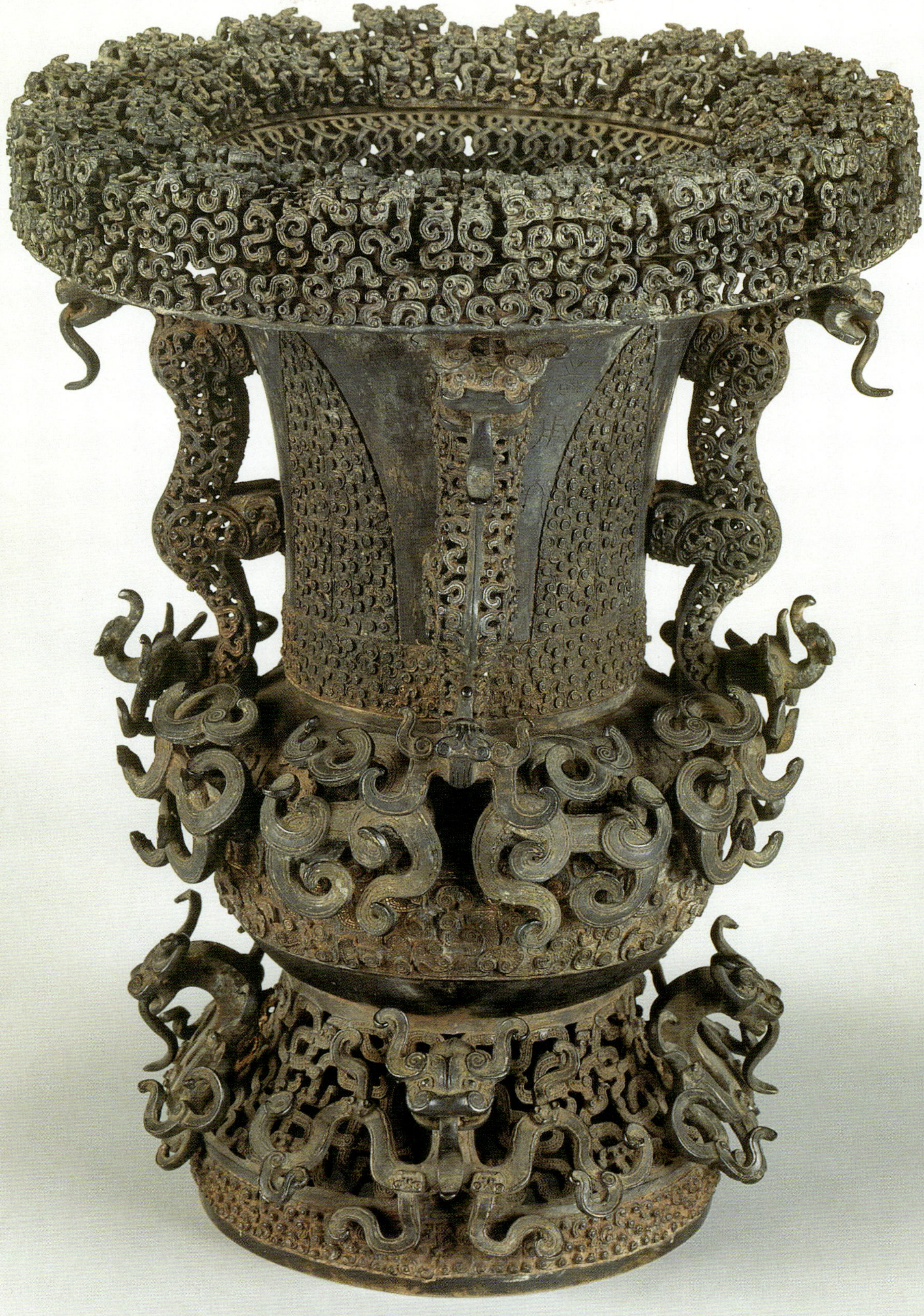

一四一　曾侯乙盤　戰國早期

一四二　曾侯乙鼎形器　　戰國早期

一四五　曾侯乙炭爐（附箕、漏鏟）　戰國早期

一四三　曾侯乙箕　戰國早期

一四四　曾侯乙漏鏟　戰國早其

一四六　透雕龍紋筒形器　戰國早期

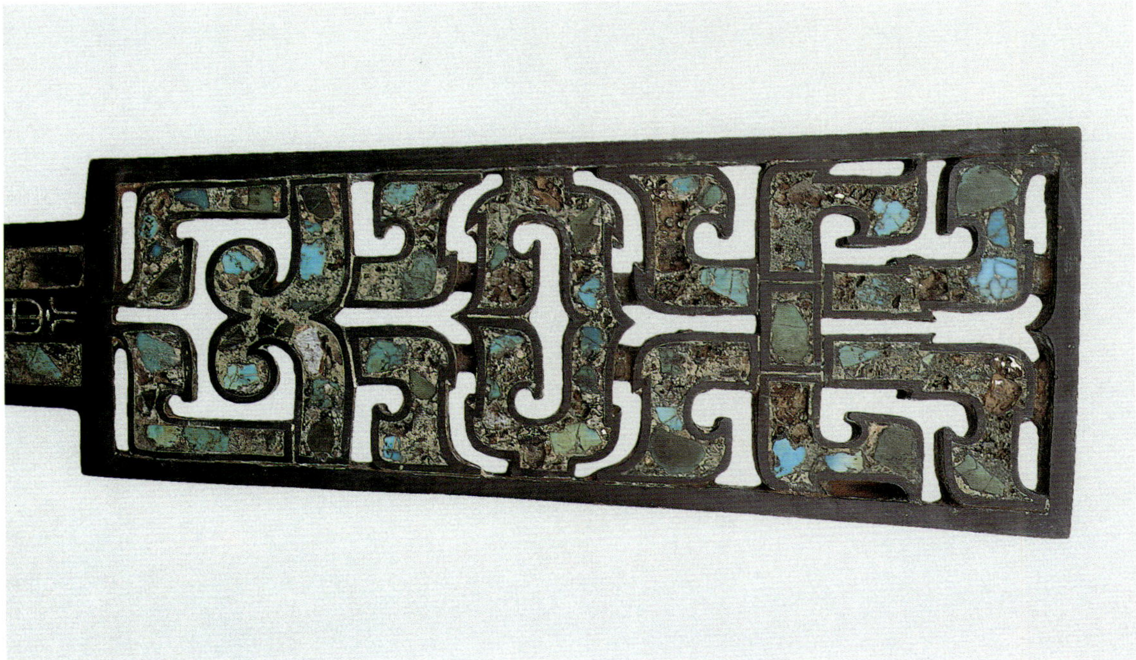

一四七、一四八　曾侯乙匕　戰國早期

一四九　薰　戰國早期

一五〇　曾侯乙鹿角立鶴　戰國早期

一五一—一五五　曾侯乙編鐘　戰國早期

一五六、一五七　曾侯乙編鐘人形柱　戰國早期

一五八、一五九　楚王酓章鎛鐘　戰國早期

一六〇、一六一　曾侯乙長枚甬鐘　戰國早期

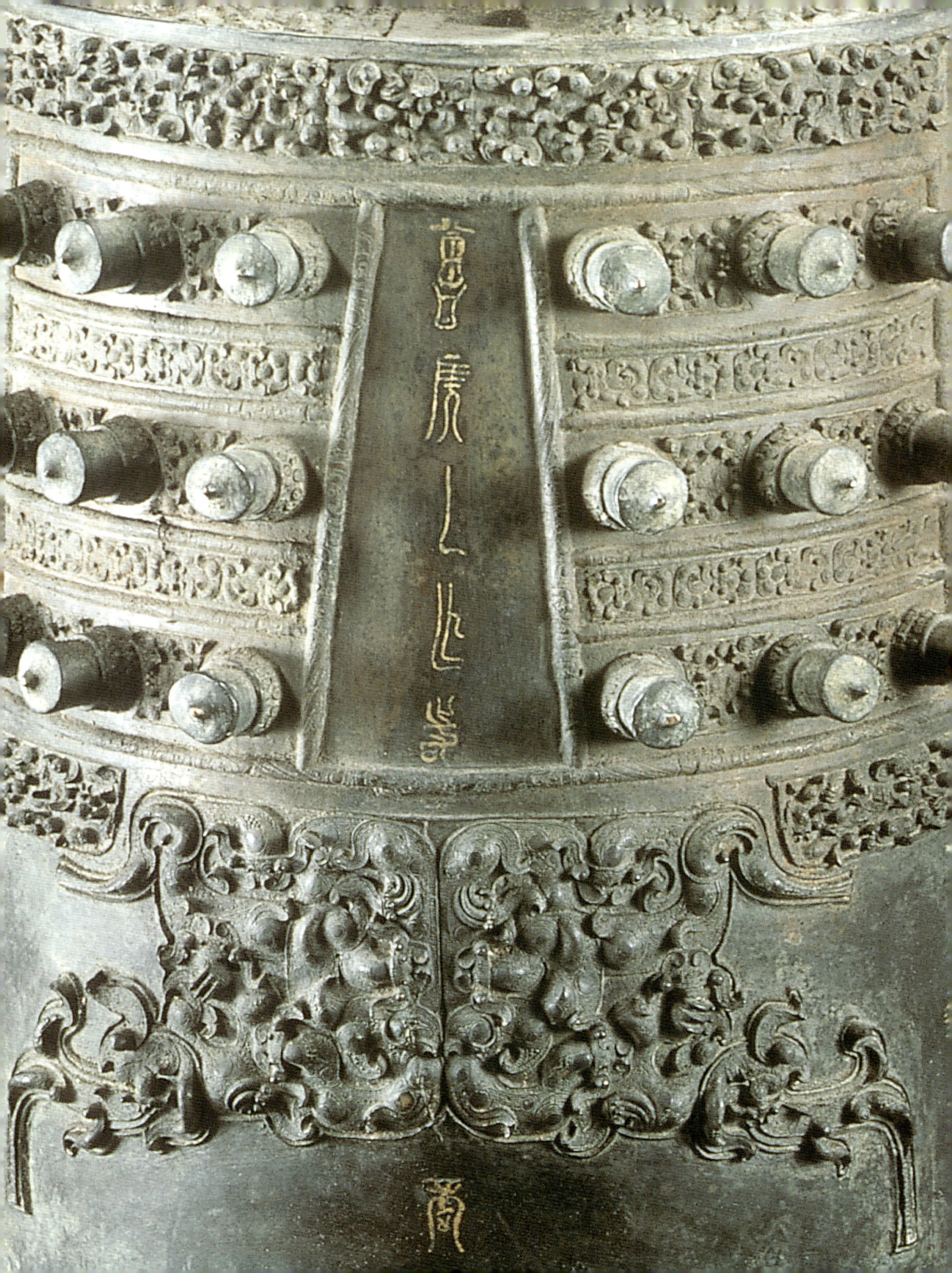

一六二　曾侯乙短枚甬鐘　戰國早期

一六三——一六五　曾侯乙無枚甬鐘　戰國早期

一六六　曾侯乙怪獸形編磬座　戰國早期

一六七、一六八　曾侯乙透雕蟠龍紋鼓座　戰國早期

一六九　玉首削　戰國早期

一七〇　曾侯乙戟　戰國早期

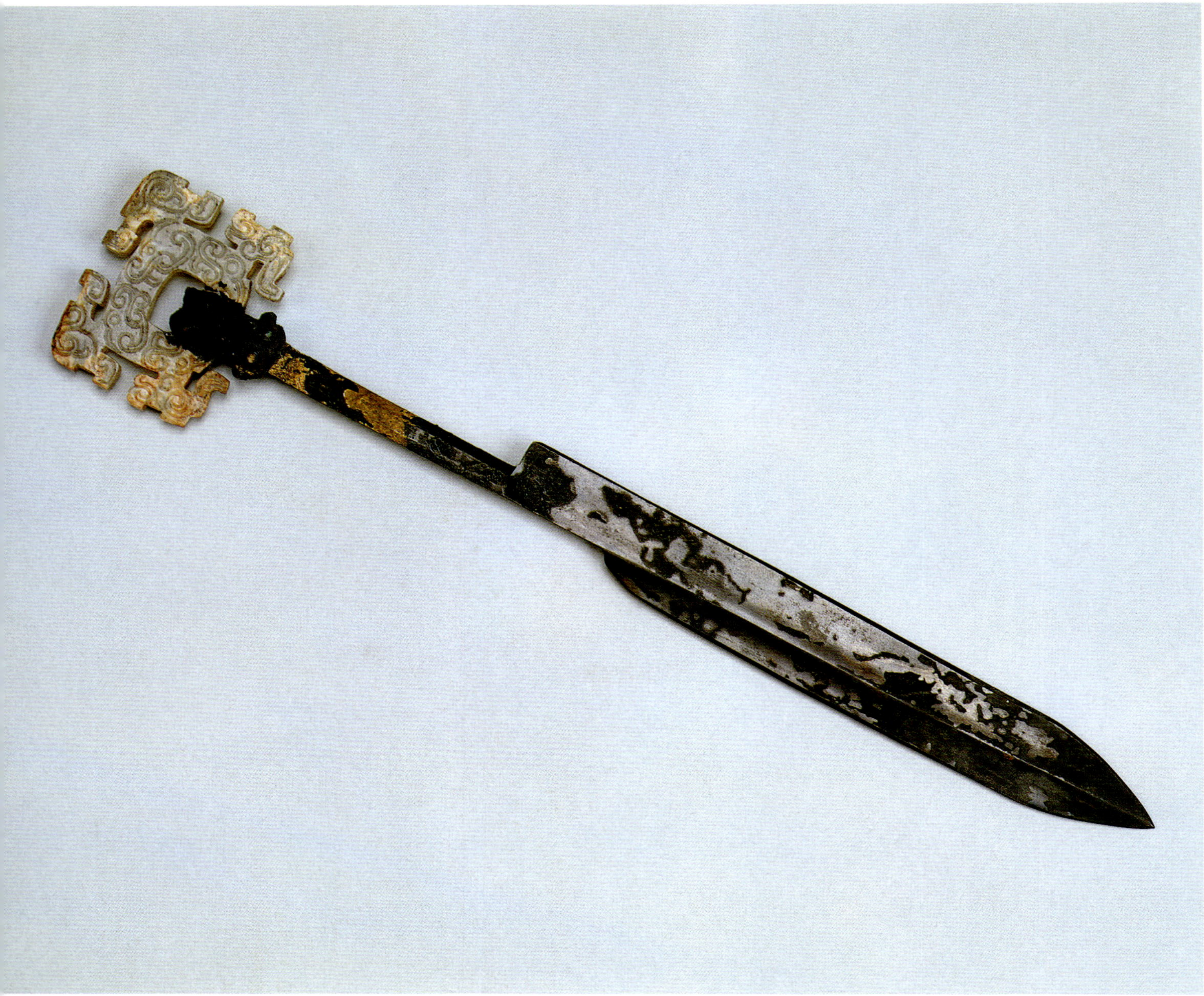

一七一　玉首匕　戰國早期

一七二　曾侯乙矛形車軎　戰國早期

一七三　曾侯乙過濾器　戰國早期

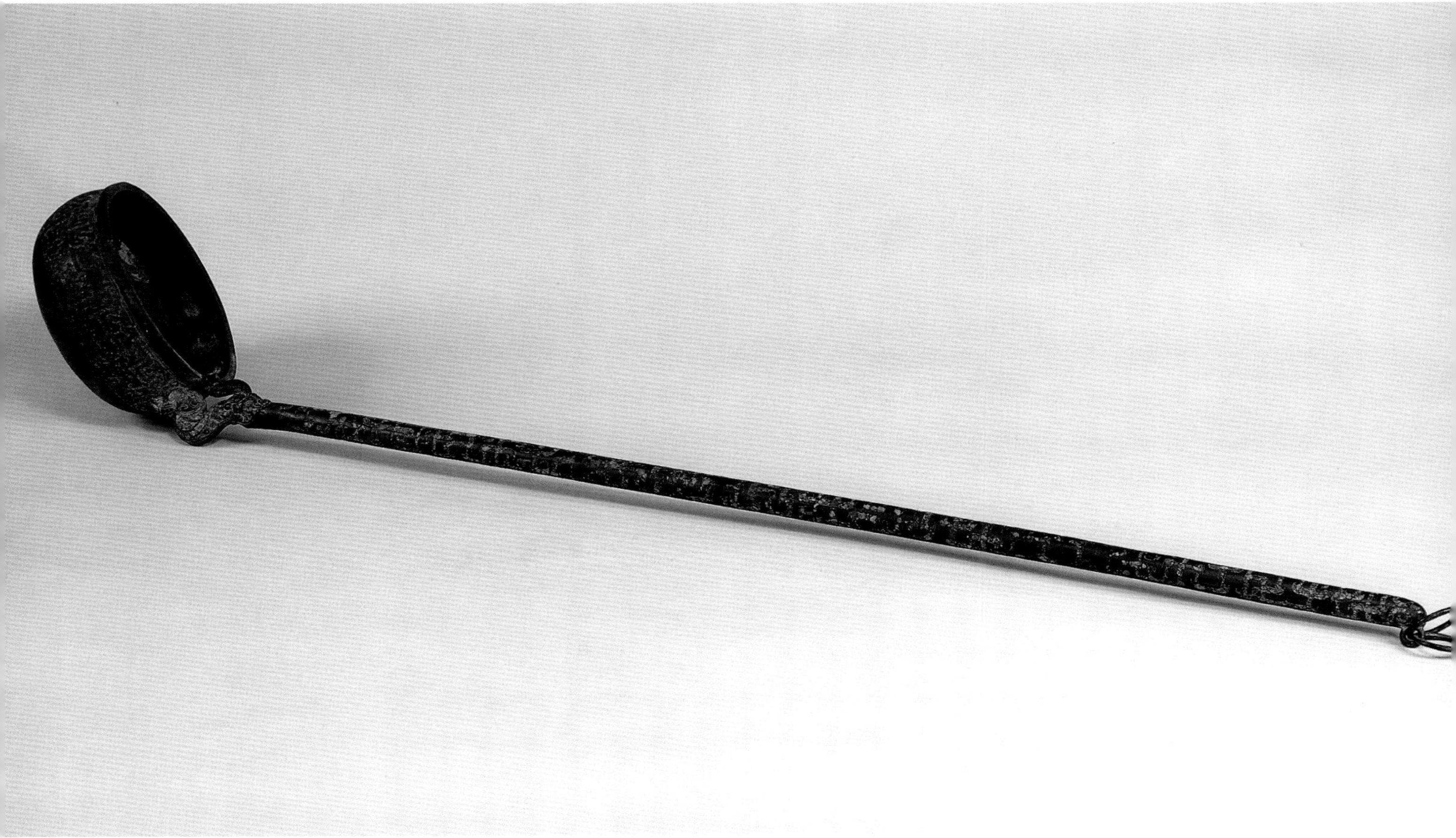

一七四　曾侯乙斗　戰國早期

一七五　蟠龍紋罐、勺　戰國早期

一七六　蟠龍席鎮　戰國早期

圖版說明

一 克黃鼎

春秋中期
通高四六、口徑二六厘米
一九九〇年河南淅川和尚嶺一號墓出土
河南省文物考古研究所藏

無蓋，侈口，方唇外折，長方形立耳外撇，頸內收，束腰，腹部微鼓，平底，蹄足。鼎耳飾三角紋，頸部飾蟠蛇紋，并有兩個獸形飾。凹腰處飾綯索紋，腹部飾垂鱗紋。底部有銘文「克黃之⿰鼎升」。克黃係楚令尹子文的孫子，楚莊王時的箴尹，曾出使齊國。楚發生若敖氏叛亂并被族滅後，克黃以國事爲重，毅然回國復命，楚莊王赦免了克黃，命其改名爲生。故此鼎係克黃改名前所鑄，時間當在公元前六〇五年前。這是目前所見楚國最早的升鼎。（曹桂岑）

二 鄧公秉鼎

春秋中期
通高二六・六、口徑二一・四、腹深一六・八厘米
一九七四年湖北襄陽山灣出土
湖北省博物館藏

蓋面隆起，蓋頂爲五柱圈形捉手，子母口，鼓腹圜底，附耳，蹄足，獸面形膝。蓋面三周凸綯紋間飾蟠蛇紋，蓋沿飾S形紋。提鈕飾渦紋和重環紋，鈕面飾綯紋，五柱飾葉脈紋。腹飾二組粗疏的蟠蛇紋和一圈凸綯紋。附耳兩面飾變形蟠蛇紋。足上端飾獸面紋。蓋、腹內壁均鑄銘「鄧公秉自作食鼎，其眉壽無期，永保用之」。

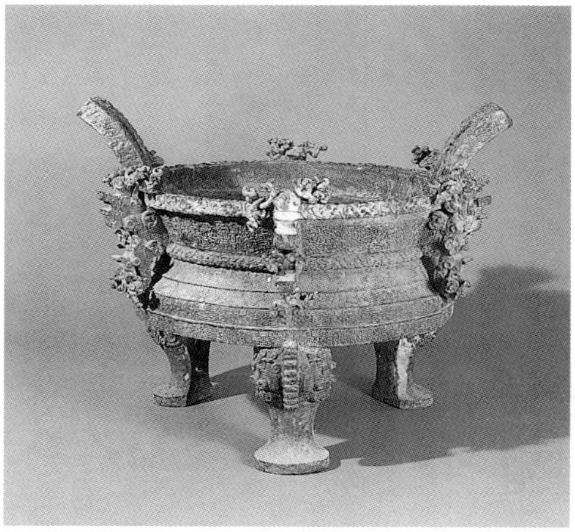

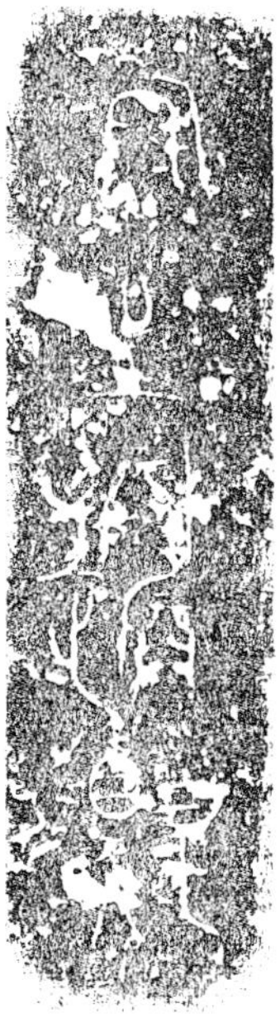

三　王子午鼎

春秋晚期
高六八、口徑六六厘米
一九七八年河南淅川下寺二號墓出土
河南省文物考古研究所藏

方唇，頸內收，束腰，腹略鼓，平底，蹄足底圈較誇張。雙立耳外侈較甚，滿飾浮雕的交龍紋。蓋微隆，中間置一橋形鈕，鈕兩端作獸首形，蓋飾交龍紋兩圈。鼎身攀緣六條裝飾複雜的龍形，龍口銜鼎口沿，龍尾上翹，龍角由卷曲盤繞的龍紋組成。器口沿及中腰飾浮雕交龍紋，頸及腹下部飾雙勾的交龍紋，腹部飾鱗紋。蹄足上端飾獸面紋，中置寬厚的棱脊。鼎腹內壁鑄有裝飾性極強的銘文八十六字，記王子午鑄此鼎事。此王子午當即楚莊王之子－子庚，他曾任楚康王時的「令尹」。王子午鼎共出七件，形制相同，大小相次。整組器物造型雄偉，製作精良，裝飾華美，表現出楚國青銅器的嶄新風貌。

四　變形交龍紋鼎

春秋中期
高三二、口徑二五厘米
一九七八年河南淅川下寺七號墓出土
河南省文物考古研究所藏

平頂蓋，蓋中央爲一方環鈕，邊上有三個矩形鈕，蓋可却置。器口內斂作子口以承蓋，深鼓腹，圜底，三蹄足，長方形附耳。蓋邊飾一周交龍紋及幾何紋，附耳及鼎口沿下均飾變形交龍紋，鼎腹飾一周凸起的綯紋，下飾一周幾何紋。此種造型的鼎，或稱之爲緐鼎。

五　蟠蛇紋鼎

春秋中期
通高三一·八、口徑三三·六厘米
一九七九年湖北當陽金家山九號墓出土
湖北省宜昌市博物館藏

蓋微隆，頂部有透空的圈形捉手。方唇，束頸，腹較淺，下腹壁收斂較甚，附耳，三獸蹄足。蓋面飾凸弦紋三周，間飾蟠蛇紋。蓋與口相合處設三個扁方形卡扣。腹飾繩索狀凸弦紋兩道，間飾蟠蛇紋，下部飾蟠蛇紋和蕉葉紋各一周。

六　楚子鼎

春秋晚期
通高二四·五、口徑二一、腹深一四·二厘米
一九七四年湖北當陽趙家湖出土
湖北省宜昌市博物館藏

蓋微隆，作覆盤式，蓋頂爲透空圈形捉手。斂口，附耳，頸稍內凹，鼓腹，三獸蹄足。面飾凸弦紋、重環紋和蟠蛇紋。腹部飾重環紋、蟠蛇紋。鼎腹內刻銘文「楚子趏之飤緐」。

七　倗鼎

春秋晚期

高四一·五、口徑二三厘米

一九七八年河南淅川下寺二號墓出土

河南省淅川縣博物館藏

蓋微隆，中置方環鈕一個，周邊另設三個環鈕。鼎小口直沿，鼓腹，圜底，蹄足，雙耳立于器肩，略外侈。蓋面飾交龍紋兩周，蓋沿飾兩龍紋。腹飾交龍紋兩周。蹄足上飾獸面紋。鼎蓋及口沿各鑄銘文一行八字，據銘文可知，此種形制的鼎稱之爲盪鼎，或釋作湯鼎。

八　蟠蛇紋鼎

春秋晚期

通高三九·八、口徑三三·五厘米

一九七九年河南淅川下寺十一號墓出土

河南省文物考古研究所藏

覆缽形蓋，頂微隆，正中有一橋形鈕，鈕內套以圓環，蓋緣又設三個豎環鈕，鈕均鑄作兩龍相背踞伏之形。斂口，口沿外有銅箍一周，形成子口以承蓋，銅箍下兩側附圓角長方耳外撇。深腹，圜底，高蹄足。蓋、腹上均鑄有纖細的紋飾。蓋面正中飾龍紋一組，其外飾綯索紋及蟠蛇紋各一周，最外圈飾綯索紋和對鳳紋所組成的紋帶兩周。附耳外飾綯索紋和蟠蛇紋，腹飾蟠蛇紋及綯索紋帶各兩周，蹄足上部浮雕獸面。

（曹桂岑）

九　曾太師鼎

春秋晚期

通高二八、口徑二三厘米

一九九〇年河南淅川和尚嶺一號墓出土

河南省文物考古研究所藏

蓋微鼓，正中有一橋形鈕，鈕內套以圓環，蓋緣又設三個鈕。子母口，附耳微外侈，爲圓角長方形，內有長方孔。直腹，圜底，蹄足。蓋面飾三周綯索紋，間以夔紋、圓渦紋。頸、腹部的紋飾與蓋面相同。蓋內有銘文「曾太師鄭之□鼎」。

（曹桂岑）

一〇 鑄客鼎

戰國晚期

通高五一、口徑四八、腹深一八厘米

一九三三年安徽壽縣朱家集李三孤堆出土

安徽省博物館藏

直口微侈，平沿，口沿上一對曲耳外張，束腰平底，蹄足。腹飾四獸，攀壁而上，探首于沿。腰飾一周粗弦紋，腹、耳飾羽翅紋，蹄足上部浮雕獸面。口沿銘九字。此式鼎爲楚文化最具代表性的器形之一，淅川下寺楚墓及壽縣蔡侯墓有出土，均自銘「鼾」。

（李治益）

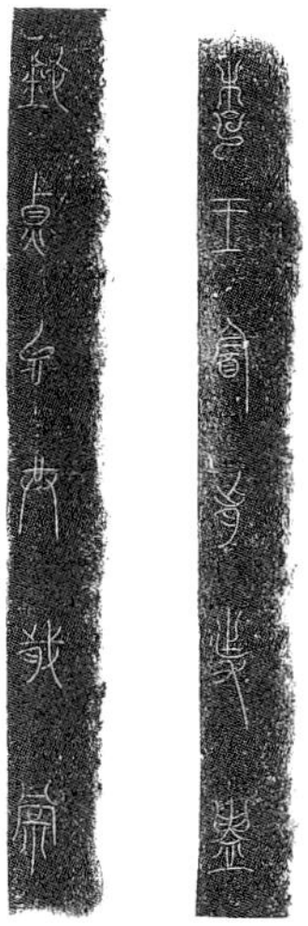

一一 酓肯鉈鼎

戰國

通高三八·五、口徑五五·五厘米

一九三三年安徽壽縣朱家集李三孤堆出土

安徽省博物館藏

鼎作淺盤狀，前端有一大流。直口，附耳向外曲張，腹下收，平底，蹄足。腹飾一周凸弦紋，蹄足上部浮雕獸面。器外壁近口沿處有銘十二字，自銘「鉈鼎」，爲楚王酓肯自用器，考此楚王當爲考烈王熊元。

（李治益）

一二　四聯鼎

戰國晚期

高一五、口徑一〇・八厘米

一九七二年安徽太湖長河水利工地出土

安徽省博物館藏

圓拱形蓋，中心設小鈕，外飾兩周凸弦紋和三個犧鈕。子母口，附耳，圓腹，圜底，蹄足。腹飾一周凸弦紋。四鼎相同，腹部相聯，共六個附耳，四個蹄足，蹄足中部可活動內折。單鼎形制爲典型的戰國晚期楚鼎，但四鼎相聯、鼎足可內折者則少見。

（李治益）

一三　卧牛鈕鼎

戰國中期

通高二八・三、口徑二四、腹徑二七・三厘米

一九八六年湖北荊門包山二號墓出土

湖北省博物館藏

圓拱形蓋，上有三個臥牛鈕。子口內斂，方形附耳，扁圓腹，平底，蹄足。蹄足截面爲八棱形。牛鈕係用三塊外範合埋在蓋範中一次鑄成。耳、足分鑄，再包鑄于腹中。蓋面飾凸弦紋兩周，上腹部飾凸弦紋一周。底稍厚外凸，底部有煙炱痕跡。

一四　蟠龍紋鬲

春秋晚期

高二八、口徑二七・四厘米

一九七八年河南淅川下寺一號墓出土

河南省博物館藏

侈口，束頸，深腹略鼓，弧襠，三柱足微外撇。腹部飾蟠龍紋一周。

一五　繩紋鬲

春秋晚期

通高三六·三、口徑四〇·二厘米

一九七八年湖北隨州擂鼓墩一號墓出土

湖北省博物館藏

斂口，口緣略上揚，深腹，襠稍扁，三款足。器身紋飾由印模法鑄製，腹部至足部遍飾粗繩紋，腹中部間有弦紋二周，底部有煙炱痕跡。通體黑色。

一六　交龍紋鬲

春秋晚期

高一二·六、口徑一五·五厘米

一九七八年河南淅川下寺二號墓出土

河南省文物考古研究所藏

平折口沿，束頸，鼓腹，分襠較淺，三蹄足。腹壁攀緣六條拱背卷尾的立體龍形飾，製作精巧。腹部飾交龍紋。口沿鑄銘一行，然器主之名已被刮去。此鬲同出一對，形制、紋飾相同，均附有一匕。

一七　龍紋方甗

春秋早期

高五二、口長三六、口寬二二・五厘米

一九六六年湖北京山蘇家壠出土

湖北省博物館藏

甗作分體式，甑套入鬲內可分開。甑方體立耳，折沿斜壁，底有二十四個長條箅孔，口沿及底部飾竊曲紋，中部飾簡化的象首龍紋；鬲附耳，蹄足，腹飾四個目紋。此甗上的簡化象首與龍身合爲一體的紋樣亦屬罕見。

一八　鑄客甗

戰國晚期

甑高三六、口徑四四・五；鬲高四二、口徑二六厘米

一九三三年安徽壽縣朱家集李三孤堆出土

安徽省博物館藏

甗作分體式。甑口緣窄，束頸，附耳微撇，下腹內收，平底有箅，外作一周榫圈。鬲體扁圓，圜底蹄足，肩上有一對外撇的方耳。甑口刻銘八字，一耳頂刻「十」字。甗在楚墓中少見，此墓却出數件。

（李治益）

一九　鄀子倗簋

春秋晚期

高三〇・五、口徑二七厘米

一九七八年河南淅川下寺二號墓出土

河南省博物館藏

隆蓋，上有圈形捉手。斂口，鼓腹，兩側有獸形耳，圈足上有三個獸首足。蓋及腹各置四道寬厚的龍紋棱脊，增添了簋的氣勢。蓋沿、器頸部及圈足飾交龍紋，

腹部飾細密的橫行鱗紋兩周，餘飾平行溝紋。蓋內鑄銘三行九字。此簋花紋精美，器形風格保留有西周晚期青銅簋的造型特點，這在當時是較爲罕見的。

二〇　交龍紋簋

春秋晚期

高二八、口徑二六厘米

一九七八年河南淅川下寺一號墓出土

河南省博物館藏

此簋造型、紋飾與淅川下寺二號墓出土的鄬子倗簋基本相同，然蓋上圈形捉手內飾有細密的蟠蛇紋，圈足上設四個凸起的獸首而沒有附足。

二一　羽翅紋簋

戰國晚期

通高二九、口徑二三·七厘米

一九三三年安徽壽縣朱家集李三孤堆出土

安徽省博物館藏

體如豆形，直口弧腹，圓拱蓋，蓋頂分立四個雲形鈕，腹上設四個窄扉棱，器下連鑄方座。通體飾羽翅紋。簋在戰國時已少見，此墓出數件，但鑄造較粗，已呈衰落之勢。

（李治益）

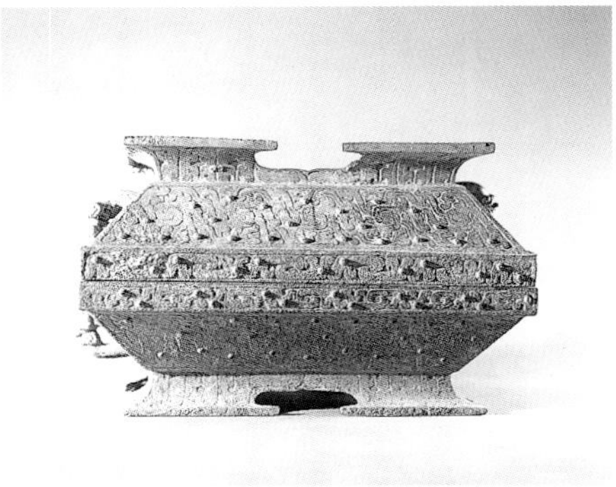

二二 彭宇簠

春秋

高二〇、底長二二、寬一五厘米

一九七五年河南南陽西關煤廠出土

河南省南陽市博物館藏

蓋、器對稱，相合而成。蓋、器均作長方形無唇直口，腹下收，平底矮小，兩端各有獸頭形半環耳，曲尺形圈足外侈。除圈足上飾重鱗紋外，通體飾乳釘蟠蛇紋。內底銘文三十二字。

（崔慶明）

二三 子季嬴青簠

春秋晚期

高二一·五、口縱二三、口橫三〇厘米

一九七二年湖北襄陽山灣出土

湖北省博物館藏

蓋、器對稱，相合而成，蓋口沿有獸首形卡扣。蓋、器斜壁飾交龍紋，直壁飾結構類似波曲紋的變形交龍紋。蓋、器同銘二十四字。

二四　何次簠

春秋中期
通高一八・八、口長二九・五、寬二二・九厘米
一九七九年河南淅川下寺八號墓出土
河南省文物考古研究所藏

器表飾蟠蛇紋，器口較大，矩尺形足短小。器底正中鑄銘四行三十四字「隹正月初吉乙亥，畢孫何次擇其吉金自作⿰飠睪簠，其眉壽萬年無疆，子子孫孫永保用之」。何次爲人名，前冠以畢氏，可能是畢氏之孫。

（曹桂岑）

二五　棄疾簠

春秋晚期
高一六、長二七・五、寬二〇・五厘米
一九七九年河南南陽汽車發動機廠出土
河南省南陽市博物館藏

蓋、器對稱，相合而成，蓋口沿設六個獸面卡扣。蓋、器均爲長方形無唇直口，腹部下收，平底較小，兩端各有一獸首環耳（已失），曲尺形圈足外侈。通體飾蟠蛇紋。蓋內及器底有對銘「楚子棄疾擇其　吉金自乍（作）**飤**簠」。

（尹俊敏）

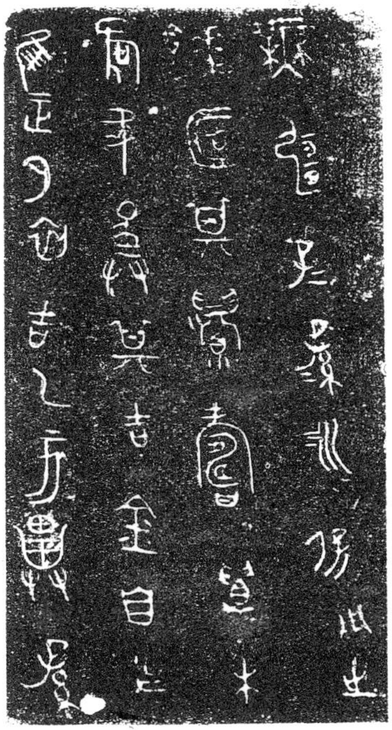

二六　變形蟠蛇紋敦

春秋晚期
高二三·五、口徑二二厘米
一九七八年河南淅川下寺十號墓出土
河南省博物館藏

蓋、器相合作球形。蓋側有兩環耳，上有三個環鈕，可却置。器設兩環耳，下有三個外撇的蹄足。蓋頂飾火紋，外飾一圈體軀交纏的交龍紋。蓋、器各飾兩周以綯紋相間的幾何紋，餘均飾細密規整的S形變形蟠蛇紋。

二七　鑲嵌雲紋敦

戰國早期
通高二二·八、口徑一七·五、腹深九·一厘米
一九七四年湖北秭歸樹坪斑鳩窩出土
湖北省博物館藏

蓋、器相合作球形。蓋與器造型完全相同，各有兩環鈕，三獸角，蓋緣有三個獸形銜扣。蓋頂飾渦雲紋，通體飾幾何雲紋。鑄紋以鑲嵌物塡地。

此器曾被文物走私者盜至美國，在索蘇比險遭拍賣，後經多方努力，終于使其回歸。

二八　鑲嵌幾何紋敦

戰國中期
高二五·六、腹徑一八·六厘米
上海博物館藏

器爲兩個半球形相合而成，有子母口。各具兩耳三足，均作勾環形。蓋、器可分置使用。全器紋飾以三角形和長方形連續構圖，塡以紅銅絲盤嵌或細銀絲鑲嵌的雲紋，呈現出絢麗多异的裝飾效果，是戰國時期青銅器鑲嵌工藝的一件佳作。

二九　蟠蛇紋盞

春秋晚期

通高一九・八、口徑二二・三厘米

一九七七年湖北當陽金家山楚墓出土

湖北省宜昌市博物館藏

隆蓋，蓋頂爲九條蟠蛇共銜一環鏤空喇叭形捉手，蓋面有四個對稱環狀鈕。器直口，方唇，束頸，深腹，腹壁較直，兩側附一對透空獸首形耳，另兩側有一對環鈕，平底，三獸蹄足。蓋面和器腹飾蟠蛇紋、蕉葉紋和繩索狀凸弦紋，足飾蟠蛇紋。

三〇　鄎子行盆

春秋中期

高一七・二、口徑二一、底徑一四・六厘米

一九七五年湖北隨州鰱魚嘴出土

湖北省博物館藏

隆蓋，蓋頂爲喇叭狀捉手，斂口，肩置對稱立式環耳，平底。肩部飾凸弦紋一周。蓋內底有銘文「鄎子行自乍飤盆永寶之」。

息，姬姓封國，公元前六八〇年爲楚所滅，息國之器十分罕見。

三一　**鑲嵌獸紋方豆**

春秋晚期
高三〇・五、口長七・三厘米
一九七八年河南固始侯古堆出土
河南省博物館藏

覆斗形蓋，蓋頂四隅各有一環鈕，兩側有環耳。盤作斗狀，八棱柱形柄，下連覆盆形圈足，腹兩側有環耳。蓋與豆盤作子母口相合，蓋邊每一側設兩個小獸首形卡扣。蓋、豆盤及圈足均飾紅銅鑲嵌的獸紋，作跳躍狀。蓋、器同銘四字，自銘其器稱「盇」。此豆同出兩件。

三二　**勾連雲紋豆**

戰國中期
高二四、口徑一六・二厘米
一九六五年湖南湘鄉新坳出土
湖南省博物館藏

蓋與器形制相同而略低淺，蓋面與器腹飾勾連雲紋，餘爲幾何雲紋。紋飾峻深，原應有鑲嵌物，現均已脫落。造型設計較爲別致，紋樣裝飾華美。

三三　**素面方豆**

戰國中期
通高二九・五、口長一九・八、口寬一七・一厘米
一九七二年湖北江陵藤店一號墓出土
湖北省荊州市博物館藏

平頂蓋，正中有蓮瓣狀捉手。圓柱柄中空，上部有一道凸弦紋。同出兩件。

（彭　浩）

三四　交龍紋斗

春秋晚期
口徑一四·三、腹深八、把長一〇·五厘米
一九八四年湖北枝江姚家港四號墓出土
湖北省宜昌市博物館藏

整體呈圜底鉢形。腹微鼓，一側出彎曲筒形把。另有一根長四厘米的圓柱與器口相連。腹飾寬帶狀交龍紋兩組和凸絢索紋一道。把的彎曲處飾獸面紋，其頂端飾凸絢索紋一道和變形交蛇紋一周。

三五　龍耳方壺

春秋晚期
高七九、口寬一八·八、口長二二·七厘米
一九七八年河南淅川下寺一號墓出土
河南省博物館藏

長方形蓋，蓋冠侈張，蓋邊四面各有一個獸首形卡扣。壺作長方形侈口，長頸，斜肩，橢方形鼓腹，長方形圈足，下有兩條踞伏狀的卷尾龍，凹腰而突起背、臀以承托全器。壺頸兩側各攀緣一條華冠回首的龍形，用作器耳，并套有銜環。蓋飾透雕的龍形，頸、肩及圈足均飾以雙鉤的龍紋。此壺造型奇巧，形體雄偉，裝飾華麗，鑄造精湛。同墓出此式壺一對。

三六　蟠蛇紋提鏈壺

春秋晚期
高一九、口徑四·七厘米
一九七八年河南淅川下寺三號墓出土
河南省博物館藏

折沿，長頸，深腹，平底，下有三個獸形足。頸兩側置環耳，套接活絡提鏈，蓋亦套于提鏈上，使其不致脫落。蓋面飾浮雕的交體龍紋，頸、腹飾蟠蛇紋五周，頸部另飾三角形幾何紋一周。

三七　鑲嵌雲紋壺

戰國中期

通高二三・三、口徑一〇・四厘米

一九七二年湖北江陵藤店一號墓出土

湖北省荆州市博物館藏

隆蓋，上有三立鈕。口微侈，肩較寬，鼓腹，高圈足，留有範土。蓋面飾單線雲紋，頸飾蟠蛇紋，肩飾三角雲紋，腹飾蟠蛇紋、三角雲紋和卷雲紋各一周，并間有凹弦紋。此器表紋飾以單線和小塊面結合，在小塊面內嵌有紅銅。此式壺同出兩件，另一件器蓋無紋飾。

（彭　浩）

三八　錯銀鳥紋壺

戰國中期

高二二、口徑一四・九、腹徑二四、底徑一四・八厘米

一九七二年廣東肇慶松山墓葬出土

廣東省博物館藏

圓蓋，上有一環鈕。口沿寬厚，肩平緩，圓腹，腹部雙耳鋪首作鴞首形，平底加圈足。通體飾相互勾連的飛鳥和雲氣紋，細線錯銀，而粗線填以朱漆，工藝巧妙，紋飾變化多樣，具有典型的楚器特徵。

（黄　靜）

三九　鑲嵌龍紋壺

戰國中期

通高三三・五、口徑九・三、腹徑一八・二厘米

一九八六年湖北荆門包山二號墓出土

湖北省博物館藏

隆蓋，平頂，上有三個鳥形鈕。斂口，長頸，平肩外鼓，弧腹，矮圈足。肩部置一對鋪首銜環。鈕環飾變形勾連雲紋，通體錯紅銅龍形卷雲紋。蓋面中部爲三龍相嬉，外部飾勾連雲紋；頸、肩部和下腹部各飾相背對稱龍紋圖案。

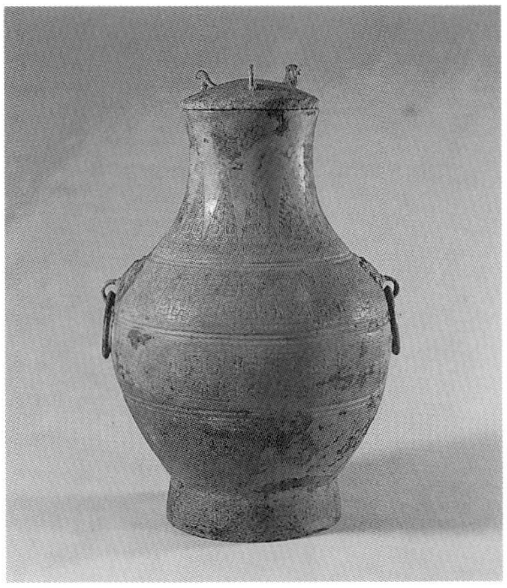

四〇　雲紋壺

戰國晚期

高三〇、腹徑二〇厘米

一九五五年湖南長沙市絲茅冲出土

湖南省博物館藏

隆蓋，上有三獸形鈕。小口，長頸，斜弧肩，腹鼓而深，圈足，肩兩側設鋪首銜環耳。頸飾三角形雲紋，腹飾雲紋三周，圈足飾雲紋。

四一　變形龍紋鏈壺

戰國中期

高三七、腹徑一七厘米

一九五七年湖南長沙烈士公園出土

湖南省博物館藏

小口，長頸，鼓腹，上有三個鋪首形鼻，圈足。蓋有環與活絡提鏈相貫，提鏈頂端爲一璜形短梁。口沿飾斜角雲紋，肩部飾三角形雲紋，腹部飾兩周變形龍紋，有細密的斜線填地。圈足飾斜角雲紋。造型清秀，紋飾精麗。

四二　蟠蛇紋鏈壺

戰國中期

通高三〇、口徑七、腹徑一九、底徑一一厘米

一九七二年廣東肇慶松山墓葬出土

廣東省博物館藏

圓蓋，兩側有鈕，內套圓環。肩部有一對鋪首銜環，上銜鏈和提梁從蓋側圓環中套出。鼓腹，圈足。蓋頂飾竊曲紋，提梁上飾羽狀紋，肩上飾一周蟬紋，腹部飾六周蟠蛇紋，足上飾一周綯紋。

（黃　靜）

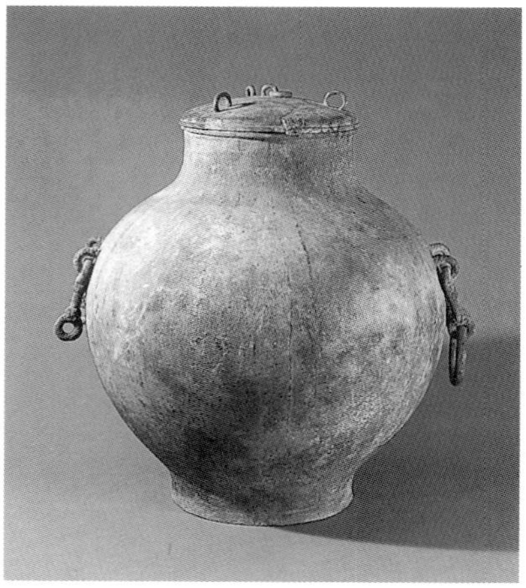

四三　蟠蛇紋鏈壺

戰國中期
通高三八·五、口徑六·四厘米
一九八二年湖北江陵馬山一號墓出土
湖北省荊州市博物館藏

蓋微隆，兩側有鈕，內套圓環。頸細長，肩部有一對鋪首銜環，上銜鏈和獸紋短梁從蓋側圓環中套出。鼓腹，下部有三個鋪首銜環。圈足。蓋頂飾四組對稱的卷雲紋，頸下部飾蕉葉紋和一周三角形雲紋，腹部飾四周細密的蟠蛇紋，足上飾一周卷雲紋。

類似的壺在湖南長沙烈士公園和江陵雨台山也有發現，僅見于中國南方。

（彭　浩）

四四　鑲嵌幾何紋方壺

戰國中期
高三二·一、腹徑一七厘米
一九八八年湖北當陽季家湖楚墓出土
湖北省宜昌市博物館藏

整體器形較矮，肩角棱突出。蓋大于口，蓋上有對稱的四環鈕。肩部有一對鋪首銜環。平底，方圈足。通體鑲嵌綠松石。蓋面飾變體雲雷紋、三角形卷雲紋；肩部飾橫向菱形卷雲紋；環身飾斜三角形卷雲紋；腹部飾幾何形卷雲紋；圈足飾方體的卷雲紋。

四五　鄬子倗尊缶

春秋晚期
高五四·四、口徑二一·五厘米
一九七八年河南淅川下寺二號墓出土
河南省淅川縣博物館藏

蓋微隆，蓋頂設一套環鈕，周邊有三個環鈕，蓋沿設三個獸首形卡扣。小口，

短直頸，弧肩，鼓腹較深，平底，圈足，肩置鏈環耳。通體飾精細的蟠蛇紋，惜爲重鑄所掩。蓋內鑄裝飾性較強的銘文六字「鄬子倗之隮缶」。

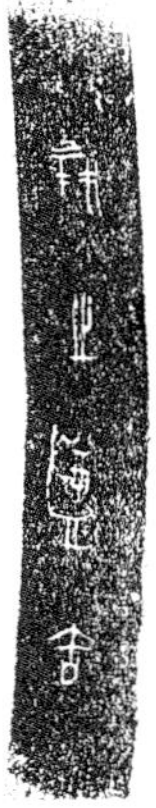

四六　倗尊缶

春秋晚期

高三八·五、口徑一五·五厘米

一九七八年河南淅川下寺一號墓出土

河南省博物館藏

蓋微隆，蓋頂設一個套環鈕。小口，短頸，圓肩，鼓腹，平底，矮圈足。肩置鏈環耳。腹飾交龍紋一周。蓋內壁、器口沿鑄銘文四字「倗之隮缶」。

四七　鑲嵌雲紋缶

戰國早期

高二四·五、口徑一二·一厘米

一九八八年湖北當陽季家湖楚墓出土

湖北省宜昌市博物館藏

隆蓋，上有四個對稱的環鈕。直口，方唇，束頸，圓鼓腹上半部亦有四個對稱的環鈕，平底，矮圈足。通體飾變體的蟠蛇紋，蓋面飾一組對稱卷雲紋圖案。

四八、四九　羽翅紋尊缶

戰國中期
通高三九、口徑一八厘米
八十年代湖南益陽赫山廟出土
湖南省益陽市博物館藏

蓋微隆，上有四個獸形環鈕，蓋沿置四個獸首形卡扣。小口，短直頸，鼓腹較深，低圈足。腹置四個犄角翹起的龍形環耳。通體飾羽翅紋，腹部四耳間各飾一個圓形凸起的羽翅紋。羽翅紋通常是春秋戰國時期各種龍紋體軀上的誇張裝飾，此類紋飾發展的結果是作爲主體的龍紋不復存在，而變形爲單純的羽翅形紋飾。

五〇　羽翅絡紋罏

戰國早期
通高三三·六、口徑二二·八、腹徑三七·九、底徑一七·六厘米
一九六二年廣東清遠馬頭岡墓葬出土
廣東省博物館藏

大卷平口，直頸，鼓腹，圈足。腹置一對環耳。器身飾雙繩索紋，縱橫布局成三行二十四格，每格內均飾以兩行四組浮凸的羽翅紋，口頸及腹的下部爲素面。足部亦飾雙繩索紋。

（黄　靜）

五一　錯銀雲紋樽

戰國中期
通高一七、口徑二四·五厘米
一九五六年湖北江陵望山二號墓出土
湖北省博物館藏

隆蓋，頂部平，蓋上有四個鳥形鈕。口外侈，直壁斜收，平底，底下有三個獸蹄足。腹壁設二個對稱的鋪首銜環。蓋、器均飾錯銀花紋，蓋面中部爲纖細卷曲的四組雲紋和龍鳳紋；腹飾六組龍紋，每組四龍。全器紋飾圖案和諧精美，計三十六條龍，二十四隻鳳，是迄今發現楚國酒具中最精美的一件。

五二　雲紋樽

戰國中期
高一五・八、口徑二一・六厘米
一九五二年湖南長沙硯瓦池出土
湖南省博物館藏

隆蓋，蓋頂有一環鈕。大口，直壁斜收，平底，三個細蹄足，腹壁兩側設鋪首。通體飾方格形雲紋。造型簡潔而裝飾華美。

五三　錯金銀雲紋樽

戰國中期
通高一七・五、口徑二四・八厘米
一九八六年湖北荊門包山二號墓出土
湖北省博物館藏

隆蓋，平頂，頂中部有獸面拱橋形環鈕，環繞四個昂首鳳鳥環鈕。斂口，斜直壁，平底，底下有三個獸面矮蹄足。腹壁兩側設鋪首銜環。通體飾錯金銀圖案：蓋面中部及外部飾龍紋，蓋周邊飾勾連雲紋；器飾六組相背對稱龍紋，下部飾勾連雲紋。

五四　鑲嵌龍紋鉌

春秋晚期
高一二、口長一八・四、口寬一一・八厘米
一九七八年河南淅川下寺二號墓出土
河南省博物館藏

器作橢圓形。隆蓋，頂置一環鈕。器斂口，腹略鼓，兩側有獸首環耳，平底。蓋、器均用紅銅鑲嵌出前行或回首的龍紋、雲紋和幾何紋。

五五　鑲嵌雲紋盒

戰國中期
高一四．八厘米
美國弗利爾美術館藏

覆盤形蓋，頂置四個卷龍形鈕。圓腹，兩側有鋪首銜環耳，圈足。通體飾鑲嵌的雲紋。製作精良，裝飾華美。

本圖由美國弗利爾美術館供稿

五六、五七　鑲嵌雲紋盒

戰國晚期
通高一五．二、口徑一八．二、底徑一四厘米
六十年代陝西米脂官莊村古代墓葬出土
陝西省米脂縣博物館藏

隆蓋，平頂，中心設一小鈕，原應穿環，已佚。另設四獸首形環。器、蓋以子母口相合，蓋可倒置爲盤。淺腹，腹壁近直，下部內收，平底，矮圈足，腹兩側置獸首銜環耳（缺一環）。蓋面和器身均以金銀片、絲嵌錯勾連雲紋，圈足飾斜角雲紋。紋飾精美細膩，纖細柔宛。該器雖然出土于陝北，但其造型、紋飾均有濃鬱的楚文化風格。

（周勁思）

五八　鑲嵌雲紋盒

戰國中期
通高一三．五、口徑一六．六厘米
八十年代湖南長沙市郊出土
湖南省長沙市博物館藏

此器與美國弗利爾美術館收藏的鑲嵌雲紋盒器形、紋飾基本相同。表現出楚地當時較爲流行的器形和裝飾風格。

五九　大府鎬

戰國晚期
高二五·三、口徑五四·二厘米
一九三三年安徽壽縣朱家集李三孤堆出土
安徽省博物館藏

口微斂，斜腹，平底，上腹置四個銜環耳。通體素面無紋。口沿外壁有銘文九字，記器爲大府所製，當爲楚幽王用器。

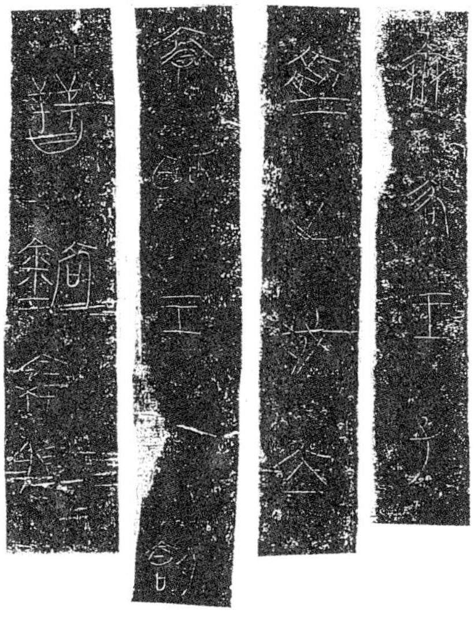

六〇　蟠蛇紋龍耳鉌

戰國早期
通高五、口徑長一一·七、口徑寬九·七厘米
一九七二年湖北襄陽余崗山灣出土
湖北省博物館藏

器作橢圓形。斂口窄唇沿，腹微鼓，平底。腹外有對稱的立龍附耳。腹上部飾帶狀蟠蛇紋兩周，腹下部飾三角卷雲紋一周。

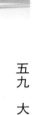

六一　鷹流杯

戰國中期
通高七・五、口徑一四・三厘米
一九八六年湖北荊門包山二號墓出土
湖北省博物館藏

敞口，直腹壁，折流鷹嘴形，嘴內銜珠，圜底，橢圓形圈足。俯視呈桃形。

六二　蟠蛇紋盉

春秋晚期
高二六、口徑一一・一厘米
一九七八年河南淅川下寺一號墓出土
河南省博物館藏

平頂蓋，蓋鈕有活鏈與提梁相連。小口直沿，短頸，鼓腹，圜底，下有三個獸面蹄足。肩設龍首圓柱提梁，腹中部一側有曲形獸首狀流。蓋與腹部飾細密的蟠蛇紋。

（王　瑋）

六三　蟠蛇紋盉

春秋晚期
高二六・一、口徑一一・四厘米
一九七八年河南淅川下寺三號墓出土
河南省淅川縣博物館藏

平頂蓋，蓋鈕有活鏈與提梁相連。小口直沿，扁圓腹，前有獸首形曲頸流，後有軀體交纏而成的龍紋鋬，腹兩側各有一個環鈕，底略圜，三蹄足。提梁兩端作龍首形，蹄足上部飾獸面紋。蓋、提梁、器腹均飾體方折的變形蟠蛇紋，腹有凸起的繩紋三道。

六四　鄬子倗浴缶

春秋晚期
高四九・六、口徑二六・六厘米
一九七八年河南淅川下寺二號墓出土
河南省文物考古研究所藏

隆蓋，上有四個環鈕。小口，方唇，短直頸，圓肩，鼓腹，矮圈足。肩部設一對鏈環耳，腹下部前後各置一個環鈕。蓋頂中央飾一紅銅鑲嵌的火紋，外飾四個紅銅鑲嵌的龍紋，其外飾一周交龍紋，間隔以六個紅銅鑲嵌火紋，蓋沿上飾紅銅鑲嵌的龍紋一周。腹部飾紅銅鑲嵌的龍紋兩周，交龍紋一周并間隔以紅銅鑲嵌的火紋，圈足飾交龍紋。蓋內及口沿有銘文十字，記此爲鄬子倗之浴缶。此式浴缶同出兩件。

六五　倗盥缶

春秋晚期
高三九・六、口徑二三・五厘米
一九七八年河南淅川下寺三號墓出土
河南省淅川縣博物館藏

隆蓋，平環形捉手。短直頸，圓肩，鼓腹，凹底，肩設一對龍形環耳。蓋捉手內飾火紋一個，外填以蟠蛇紋，蓋面及器腹各飾交龍紋一周，間飾凸起的圓形飾，圓形飾的中心爲一個火紋，外圍以蟠蛇紋。蓋內及口沿各有銘三字。

六六　交龍紋盥缶

春秋中期
高三〇・八、口徑一八・四厘米
一九七八年河南淅川下寺七號墓出土
河南省文物考古研究所藏

覆碗形蓋，圈形捉手。短頸，圓肩，鼓腹，平底，肩部設一對環耳。蓋、肩、腹各飾變形交龍紋一周，腹部還飾有三角形幾何紋一周。

六七　楚高盥缶

戰國晚期
高三七・六、口徑二三・八厘米
一九五四年山東泰安出土
山東省博物館藏

蓋上有平環形捉手，斂口方唇，短頸，圓肩，鼓腹，腹下部內收，矮圈足內凹，肩部設一對套有活絡鏈環的獸耳。蓋、器飾有羽翅狀翹起的變形交龍紋，蓋與腹有圓形凸飾。同出六件，或以爲是楚滅魯後，將其作爲祭山的祭器而埋于泰山脚下的。

六八　蟠蛇紋盥缶

戰國中期
通高二八・二、口徑一八・八、腹徑三五・六厘米
一九六三年廣東清遠馬頭岡墓葬出土
廣東省博物館藏

平口折沿，短頸，鼓腹，矮圈足。腹有一對粗大的半環耳，耳乃分鑄焊接而成，現已脫落。腹上部有四個圓形飾，幷飾兩圈外凸的繩紋，上下再飾蟠蛇紋及三角紋。

（黄　靜）

六九　羽翅紋盥缶

戰國晚期
通高三八·五、口徑二六·八厘米
一九七八年湖北江陵天星觀一號墓出土
湖北省荊州市博物館藏

蓋頂中部內凹，沿周有三個環鈕。鼓腹，飾三周細密的羽翅紋并間以二道弦紋。腹上部有兩個對稱的獸形耳，套八字形吊環。假圈足，平底。（彭　浩）

七〇　蟠蛇紋盤

春秋晚期
高九、口徑三九·七厘米
一九七八年河南淅川下寺一號墓出土
河南省博物館藏

方唇，淺腹，底略圜，腹上有四個銜環耳，下設三個獸首矮蹄足。腹飾精細規整的變形蟠蛇紋，在一道凸起的繩紋下有一周三角形幾何紋。環耳上飾綯索紋。

七一　蟠蛇紋匜

春秋晚期
高一四·二、長二七厘米
一九七八年河南淅川下寺一號墓出土
河南省博物館藏

橢圓體，前有封頂的獸首流，後有龍形鋬，平底。流及鋬上均由數條浮雕的龍紋糾結成獸角和龍角，腹飾線條精細的變形蟠蛇紋，圖案結構仿佛波曲紋。

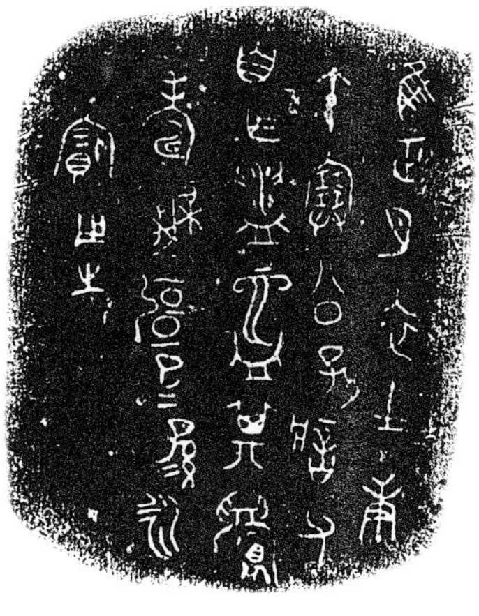

七二　寣父匜

春秋中期
通高二〇·二、足高六·五、口橫徑一四·五厘米
一九六九年湖北枝江百里洲出土
湖北省博物館藏

大口，長流，獸首鋬，四足。鋬飾重環紋，上腹飾蟠蛇紋一周，下腹飾瓦紋。器內底有銘文「唯正月初吉庚午，塞公孫寣父自作盥匜。其眉壽無疆，子子孫孫永寶用之」。

七三　集醵爐

戰國晚期
高三六·八、口徑三三·五厘米
一九三三年安徽壽縣朱家集李三孤堆楚王墓出土
上海博物館藏

直壁淺腹，三個獸首蹄足，腹兩側設提鏈。腹壁飾以連續的菱形構圖的幾何形花紋。器形質樸厚重，紋飾疏放，反映了戰國晚期楚國青銅器的一種風格。

七四、七五　雲紋方爐

戰國晚期

高一一、口長六〇·二、口寬三二·八厘米

一九三三年安徽壽縣朱家集李三孤堆楚王墓出土

安徽省博物館藏

長方體，淺腹斜壁平底，四矮蹄足，足根有小方孔。口部四角作曲尺形外張，上有方孔，與足根方孔相對應，當爲插架之用。腹部長邊分設四個鋪首銜環，幷與環鏈提梁相套接。腹飾羽翅紋，雲紋作地，模印範鑄，細密繁縟。

（李治益）

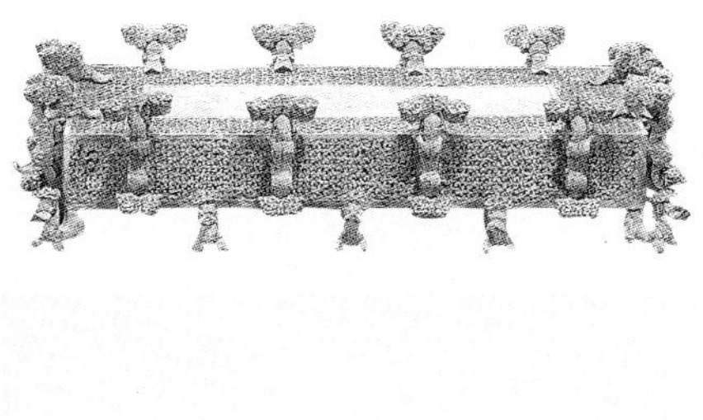

七六、七七　透雕雲紋禁

春秋晚期

高二八·八、長一三一、寬六七·六厘米

一九七八年河南淅川下寺二號墓出土

河南省文物考古研究所藏

長方體，禁面中間爲一長方形平面，用以置物，禁面四邊及四個側面由三層粗細不等的銅梗相互套結成透雕的雲紋。禁的四周攀附有十二個立體龍形，龍角、龍尾作透雕裝飾。禁底四角及四周有十二個踞伏的怪獸爲器足，獸作昂首咋舌，挺胸凹腰狀。此禁係用失蠟法鑄造而成，爲目前所知我國失蠟鑄造工藝最早的鑄品之一。此器造型莊重，裝飾瑰麗，工藝精湛，實爲罕見的青銅藝術珍品。

七八　透雕變形龍紋俎

春秋晚期

高二四、長三五·五、寬二一厘米

一九七八年河南淅川下寺二號墓出土

河南省博物館藏

俎面長方形，中間略窄微凹，四足作扁平的凹槽形。禁面及四足有透雕的矩形紋，餘飾變形龍紋。

七九　透雕龍紋薰

戰國中晚期
通高一五、口徑一一·三厘米
一九八六年湖北荊門包山二號墓出土
湖北省博物館藏

口微侈，壁鏤空，無底。三獸蹄足內側有凸榫。薰中部飾六組鏤空勾連蟠龍紋，其上飾細密的渦紋和三角紋。上、下部分別飾折線式二方連續勾連雲紋，并以錯紅銅、嵌綠松石進一步裝飾。

八〇　透雕交龍紋薰

戰國中期
通高一二·七、口徑八·五厘米
一九七五年湖北江陵雨台山二六四號墓出土
湖北省荊州市博物館藏

器壁鏤空，由十組直行龍紋構成，每組有六隻卷曲的小龍，彼此相連。底部有十字形孔。

此類器在江陵楚墓中曾數次發現。

（彭　浩）

八一　透雕鳳紋薰

戰國中期
口徑八·九、底徑七、高一〇·四厘米
一九六五年湖北江陵望山一號墓出土
湖北省博物館藏

敞口，平緣外折，平底。器壁鏤空，由八隻相互糾纏的變形鳳鳥構成立體圖案，鳳鳥身飾三角形雲紋、卷雲紋。底部有十字形孔。出土時，器身用絲織物包裹，器內還殘存植物。此圖爲倒置狀。

八二　人擎燈

戰國中期
通高一六・三、人高七・一、盤口徑八・六厘米
一九八六年湖北荊門包山二號墓出土
湖北省博物館藏

燈盤圓形，淺腹，斜弧壁。盤外壁有凸棱兩周，盤心有尖柱狀燈釬，盤下爲上粗下細的圓形燈柱。銅人立于方座中，左手捫胸，右手執燈，盤、柱與燈座以榫對合。柱座上飾蟠龍紋，衣下擺錯紅銅勾連紋裝飾。

八三　騎駝人擎燈

戰國晚期
高一九・二、盤口徑八・九、柄九・八厘米
一九六五年湖北江陵望山二號墓出土
湖北省博物館藏

燈盤圓形，淺腹，盤心有尖柱狀燈釬。雙峰駱駝昂首垂尾立于方座上，駝峰中坐一人。人的上身挺直，五官清晰，雙手捧一圓圈形燈座，雙脚後屈夾于駝身的兩旁。燈盤的長柄插入圓圈形燈座內。

八四　神獸

春秋晚期
通高四八厘米
一九九〇年河南淅川徐家嶺九號墓出土
河南省文物考古研究所藏

出土神獸爲一對，形制基本相同，此處錄其一。龍首，虎身，龜足。龍首張口吐舌，兩頰各有一朵柿蒂狀花，頭上又盤纏六條龍，構成龍角，其中側翼的兩條大龍昂首翹尾，無紋飾，餘四小龍飾垂鱗紋。虎身長頸，通體鑲嵌孔雀石，飾龍鳳虎等紋飾。背上開一方孔，可插曲體器架。架上另立一奔獸，亦龍首、虎身，口中銜一吐舌曲體龍。神獸腹下有一鈕，背上奔獸口銜之龍頸部亦有一鈕，似爲擊繩懸鼓之用。此對獸風格獨特，在鑄造工藝、鑲嵌技術和造型構思上均達到相當高的水平。

（曹桂岑）

八五　大府卧牛

戰國晚期

高五、長一〇厘米

五十年代安徽壽縣邱家花園出土

中國歷史博物館藏

牛作俯臥狀，牛首回顧，前膝雙跪，後腿屈于腹下。通體飾錯銀雲紋。腹下有銘文四字「大府之器」，是爲楚王室之物。

八六　展翅攫蛇鷹

戰國晚期

通高一七、鷹身長二四·七厘米

一九三三年安徽壽縣朱家集李三孤堆楚王墓出土

安徽省博物館藏

鷹首前伸，雙目圓睜，作展翅欲飛狀，兩爪抓住一翹首雙尾蛇。鷹翅、尾和身鑄羽紋。神態逼眞，造型準確，是一件不可多得的藝術佳作。從器下爲一長方形平板看，似是某器的一部分。

（李治益）

八七　飛鳥器

戰國中期
通高二一·四厘米
一九八六年湖北荆門包山二號墓出土
湖北省博物館藏

鳥作翱翔狀。鳥首前伸，圓眼外凸，雙翅前卷，尾微張；腹下接立柱和圓形底座，座面中部外凸。

八八　虎頭形較首

戰國中期
高一六·五、長二四厘米
一九七八年江蘇淮陰高莊出土
江蘇省淮陰市博物館藏

車輿飾件。形似虎頭，齜牙吐舌，齒作三角形交錯，雙角翹起，虎首飾幾何紋、綯紋等。頸背部飾變形交龍紋，有羽翅紋翹起。較首尾部作粗大的鋸齒形，兩側有圓形釘孔。此種類型的較首在考古發現中極爲罕見。

八九　交龍紋插座

戰國中期
高二三·五、長三一·五厘米
一九七八年江蘇淮陰高莊出土
江蘇省淮陰市博物館藏

車輿飾件。上部爲承插圓筒，下爲長方形座，兩端作粗大的鋸齒形，側面有圓形釘孔。圓筒侈口，飾變形交龍紋。筒壁有十條縱棱，間飾變形交龍紋。圓筒底部有一道綯紋凸箍。長方形座上飾體軀寬粗的變形交龍紋。

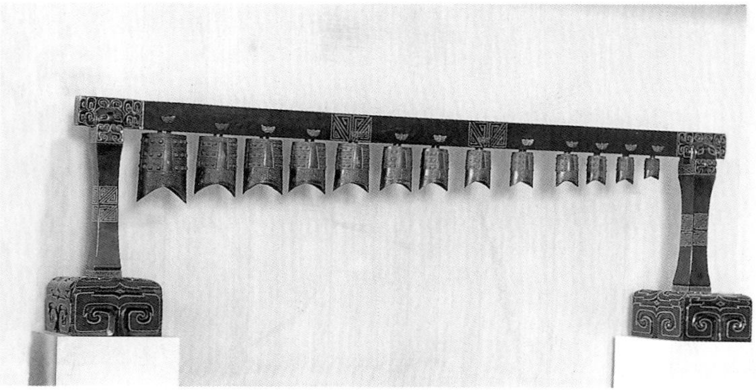

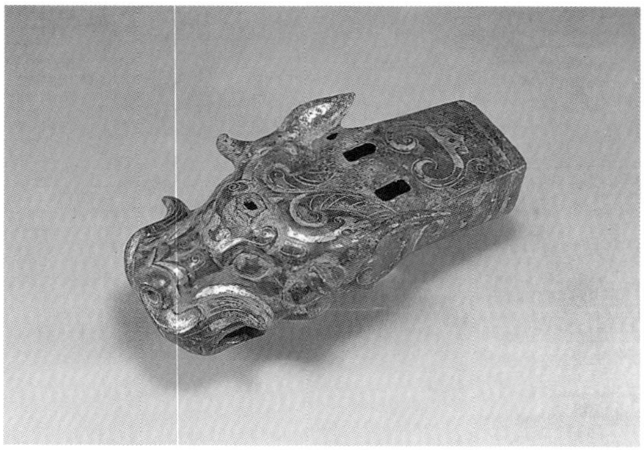

九〇、九一　錯金銀龍形轅頭

戰國晚期

長二二・五、最寬處一二・二厘米

一九八一年至一九八三年河南淮陽馬鞍塚二號車馬坑出土

河南省文物考古研究所藏

全器形如龍頭，張口露齒，雙眼圓睜虎視，頸部正中銀錯一「企」符號，面、頸多處錯銀卷雲紋，鼻、耳處錯金，線條流暢，顏色絢麗。龍首前額有一方形穿孔，腦後頸根部有二長方形穿孔，係用于加固轅首的構件。

九二、九三　畱篙編鐘

戰國早期

通高三〇・五、于口長一七・一厘米

一九五七年河南信陽長台關墓出土

中國歷史博物館藏

合瓦形鐘體，鼻鈕上飾渦雲紋。每面各有十八個枚，舞、篆飾變形蟠蛇紋，以纖細的圓渦紋、繩索紋爲地。鐘正面是一獸首，後有長方形插銷。此鐘同出十三件，這是最大的一件，有銘文十二字「隹（惟）畱篙屈欒晉人，救戎于楚竟（境）」。據考證，畱篙爲人名，在魯昭公十七年，晉滅陸渾戎戰爭中救助過陸渾戎，抗擊了晉人的進犯。

（辛立華）

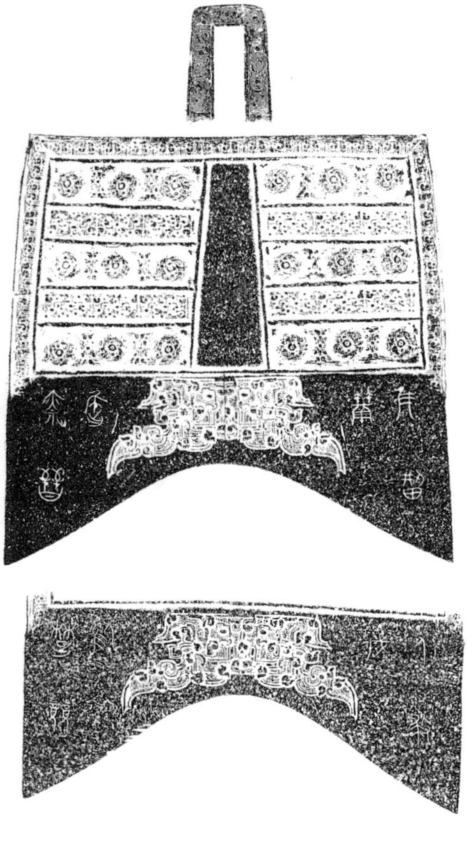

九四　倗子受鐘

春秋中期
通高三五、銑間寬二四厘米
一九九〇年河南淅川和尚嶺出土
河南省文物考古研究所藏

合瓦形鐘體，舞上有雙龍形鈕。每面有十八個圓渦紋枚，舞、篆飾變形龍紋，鼓部飾蟠龍紋。鐘兩面鑄銘二十七字。此鐘同出八件，爲一組編鐘。

九五　秦王卑命鐘

戰國中期
高三八・五厘米
一九七三年湖北枝江雲台新華出土
湖北省宜昌市博物館藏

合瓦形鐘體。鐘內甬底處有近圓形的凹槽二個，舞內和內壁兩側各有長方形調音槽二個，槽斷面均呈V形。通體裝飾以蟠龍紋爲主，間有雷紋、綯紋、穀紋和貝紋等。每面有十八個圓渦紋枚。鐘外一面刻銘「秦王卑命」、「競坪王之定救秦戎」。

九六　虎紋錞于

戰國晚期
高三七・三、肩徑二二厘米
一九五八年湖南常德徵集
湖南省博物館藏

橢圓筒形體，器頂有折沿平盤，中間有一立體虎形鈕。肩部鼓出，腹內收作直壁形，中空，平底。腹飾虎紋，下飾斜角雲紋。

九七　龍紋鈎鑃

戰國中期
高二七・五、銑間九・五厘米
一九八六年湖北荊門包山出土
湖北省荊門市博物館藏

器體狹長，兩銑尖銳，口凹弧較深。柄首有圓箍突出，柄透雕勾連紋，飾細密的三角形、菱形幾何紋。舞部內外壁飾龍紋，鐃體的內外壁飾結構不同的龍紋。外壁龍紋係用印模法分三層壓印而成，每組龍紋不盡完整。這種內外壁均飾花紋的做法，是楚國樂器中較複雜的裝飾工藝。

九八　鄂君啓節

戰國晚期
車節長二九・六、寬七・三、厚〇・七；舟節長三一、寬七・三、厚〇・七厘米
一九五七年安徽壽縣邱家花園出土
安徽省博物館藏

金節係剖竹形，面呈竹節狀，橫截面圓拱形。車節計一百四十六字，重文四；舟節一百六十三字，重文二。銘文係鑄後用黃金絲鑲嵌而成。此節爲楚懷王頒發給鄂君啓運輸貨物的免稅憑證，時間爲楚懷王七年（公元前三二二年）。是研究楚國交通、商貿等方面的極其重要的史料。

（李治益）

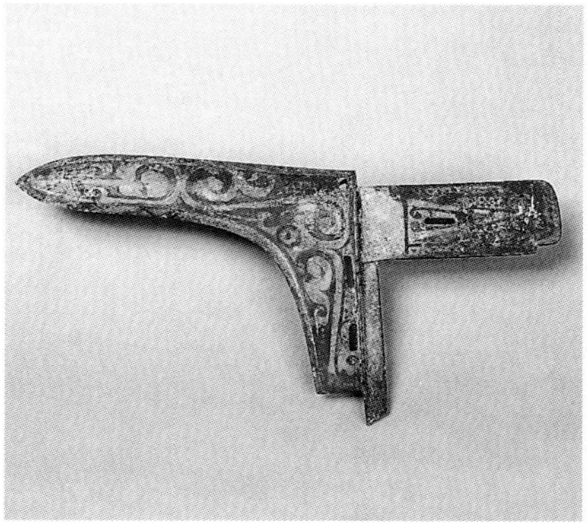

九九　王孫𢍉戈

春秋晚期

長二七・四厘米

一九七八年河南淅川下寺二號墓出土

河南省博物館藏

援微昂，中脊略隆起，胡較寬，闌側三穿。胡一面有錯金銘文六字「王孫𢍉之行戟」。

一〇〇　卷雲紋戈

戰國中期

通長二一・五、援長一三・六厘米

一九八二年湖北江陵九店出土

湖北省文物考古研究所藏

戈中胡三穿，有欄。內末無刃。方內，內上有一穿孔。戈體兩面通飾黑色卷雲紋、麻點紋。

一〇一　透雕倗矛

春秋晚期

通高三〇・七厘米

一九七八年河南淅川下寺二號墓出土

河南省文物考古研究所藏

形體較大，骹作圓筒形。矛脊中空與骹相通，骹部一側置三角形環鈕，以繫纓絡，兩葉尾收剎，葉上飾鏤孔竊曲紋。骹口部飾獸面紋兩組。骹上有銘文「倗之用矛」。經考證，倗乃楚莊王的兒子王子午，即子庚。

（曹桂岑）

一〇二　曾侯仲子游父鼎

春秋早期

通高一五·五、口徑二七厘米

一九六六年湖北京山蘇家壠出土

湖北省博物館藏

折沿，附耳，淺腹，圜底，蹄足。腹飾竊曲紋和弦紋各一周，耳飾變形獸紋。腹內壁鑄銘「曾侯仲子游父自乍䵼彝」。

此式鼎同出九件，爲同期列國唯一出有九鼎的銅器群。

一〇三　曾仲斿父鋪

春秋早期

高二〇·二、口徑二五·六、底徑一九厘米

一九六九年湖北京山蘇家壠出土

湖北省博物館藏

直口，口沿外折，方唇，淺腹，直壁與盤底成直角，平底，柄較矮，喇叭形圈座。盤腹飾竊曲紋，足鏤孔作波紋，其間填以眉形及口形紋樣。盤內鑄銘「曾中斿父自作寶甫」。

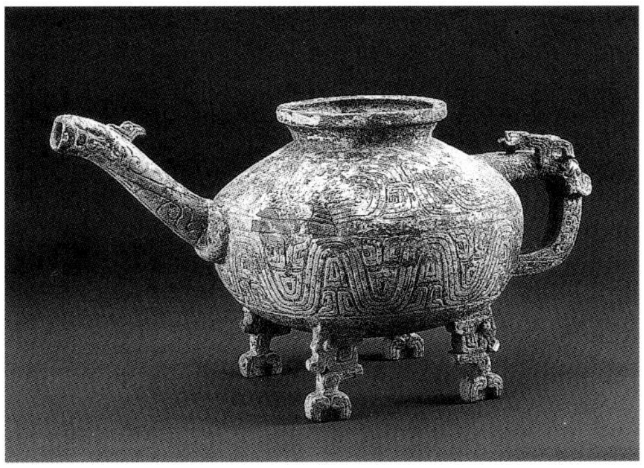

一〇四、一〇五　曾仲斿父方壺

春秋早期
通高六六・七、底長三〇・八、底寬二三・八厘米
一九六九年湖北京山蘇家壠出土
湖北省博物館藏

有蓋，長頸，鼓腹，圈足。蓋作蓮瓣形，上飾獸面紋。頸有對稱獸面銜環。器腹飾兩周棱起環帶紋，疏朗醒目。圈足飾垂鱗紋。蓋及口內均有銘「曾仲斿父用吉金自作寶隫壺」。

一〇六　波曲紋盉

春秋早期
通高二〇・五、口徑一一・六厘米
一九六六年湖北京山蘇家壠出土
湖北省博物館藏

小口，斜肩，淺鼓腹。獨角獸首曲流，獨角雙耳獸首　，四扁足作獸首形。肩飾象首龍紋，腹飾環帶紋，流口及　上部飾獸首紋，流飾三角雲紋。

一〇七　竊曲紋匜

春秋早期

通高一九·四、長二二·五厘米

一九六六年湖北京山蘇家壠出土

湖北省博物館藏

大口，長流，獸形　，四足亦作獸首形。器口沿飾竊曲紋一周，腹部飾瓦紋。

一〇八　竊曲紋盤

春秋早期

高一三·八、口徑三九·三厘米

一九六六年湖北京山蘇家壠出土

湖北省博物館藏

敞口，淺腹，附耳，三足作獸首形。腹部飾竊曲紋，足飾垂鱗紋。

一〇九、一一〇　曾侯乙鼎

戰國早期

通高三五·二、口徑四五·八、底徑四二·二厘米

一九七八年湖北隨州擂鼓墩一號墓出土

湖北省博物館藏

敞口，厚方唇，耳弧形外撇，淺腹，束腰，平底，獸蹄形足。中腰有凸弦紋帶，腹外有四條對稱的圓雕龍形附飾，龍腹足緊貼鼎腹，龍口銜住鼎沿，龍尾上翹。軀體陰刻鱗紋和渦雲紋。口沿鑄銘「曾侯乙作持用終」。

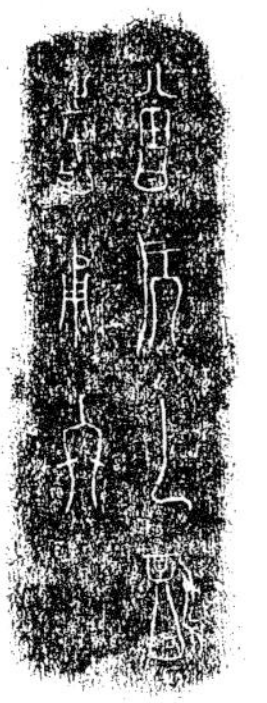

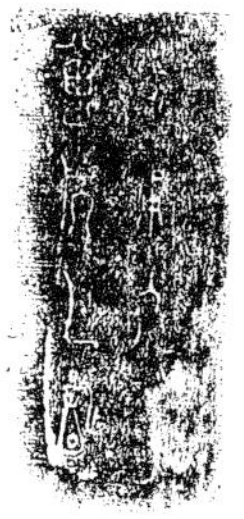

一一一　曾侯乙鼎

戰國早期

高三九・三、口徑三九・六、腹深二〇・八厘米

一九七八年湖北隨州擂鼓墩一號墓出土

湖北省博物館藏

蓋微隆，中心設一蛇形環鈕，蓋沿有四水牛形鈕飾。弇口，鼓腹，長方附耳，三蹄形足，蓋飾變形鳳紋、回連雲紋、龍紋。器身飾勾連雲紋及橫三角形紋。蓋內及腹內均有銘「曾侯乙作持用終」。

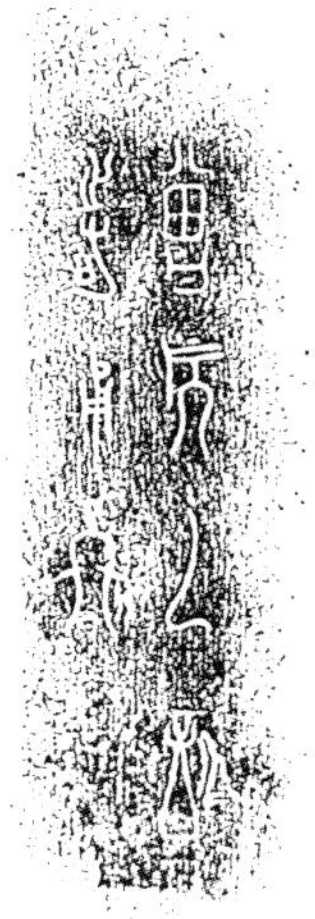

一一二　曾侯乙鼎

戰國早期

通高六四・六、口徑六四・二厘米

一九八七年湖北隨州擂鼓墩一號墓出土

湖北省博物館藏

直口方唇，短頸，方附耳，鼓腹，平底，三蹄形足，腹部設兩環鈕。頸腹間有一周凸弦紋帶。器身飾蟠龍紋及垂葉紋，耳部飾幾何雲紋，足部飾獸形渦雲紋。器腹內壁有銘「曾侯乙作持用終」。

此器是迄今所見戰國早期鑊鼎中最大者。

一一三 曾侯乙鼎

戰國早期

通高二〇·六、口徑二三·六、腹徑二四·四厘米

一九七八年湖北隨州擂鼓墩一號墓出土

湖北省博物館藏

蓋微隆，中心設獸面紋橋形鈕，中銜一活環，外緣立三個環鈕。口內折成子口，口沿外側有一周凸棱承蓋。附耳，腹上壁較直，圜底近平，三獸蹄足。蓋、器飾以蟠龍紋、綯紋、凸弦紋、幾何形雷紋和渦雲紋，頸腹間一周凸弦紋。蓋內和腹內壁上均銘「曾侯乙作持用終」。

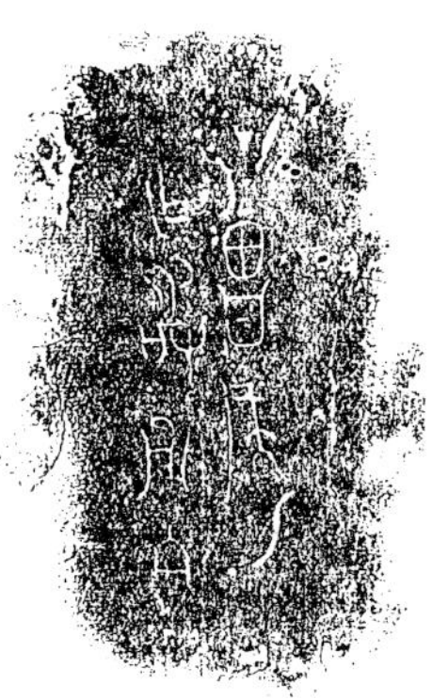

一一四 曾侯乙鼎

戰國早期

通高三八·五、口徑二五·七、腹深四三·六厘米

一九七八年湖北隨州擂鼓墩一號墓出土

湖北省博物館藏

平蓋，蓋上設四環鈕。小口，方唇，短頸，圓肩，鼓腹，三蹄形足。蓋上飾蟠龍紋。器身飾凸弦紋、蟠龍紋。蓋內壁和肩部均銘「曾侯乙作持用終」。

一一五 曾侯乙匜鼎

戰國早期

通高四〇、口長五〇·二、口寬四四·四、腹深一六·四厘米

一九七八年湖北隨州擂鼓墩一號墓出土

湖北省博物館藏

器身如匜，流作半圓形，上有鏤孔蓋，平底，三瘦長蹄足。腹部有對稱的兩對耳鈕，每對耳鈕上套有一提鏈，鏈的末端套一提環。腹上部飾相互纏繞的多個蟠龍

紋，形成二方連續圖案。鏤空蓋上鑄有變形蟠龍紋，紋內填三角紋和圓渦紋。

一一六　曾侯乙鬲

戰國早期

通高一二·九五—一二·一、口徑一五·四五—一五·〇厘米

一九七八年湖北隨州擂鼓墩一號墓出土

湖北省博物館藏

形體較小，斂口，寬沿微外侈，方唇，弧襠，三蹄形足。腹部有鑲嵌的鳥首龍紋和作點綴的雲紋，并有凸起的條形扉。口沿均銘「曾侯乙作持用終」。

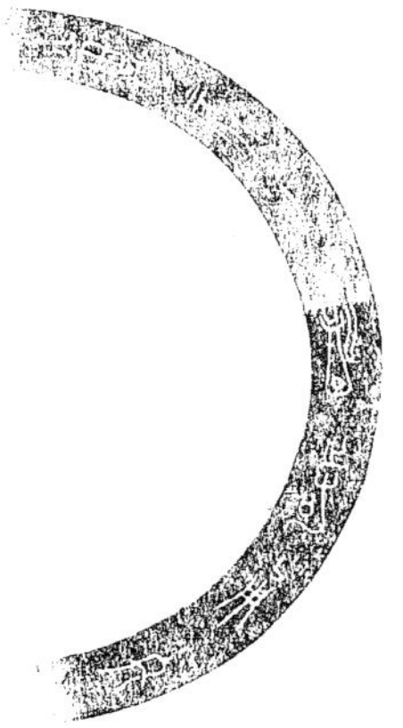

一一七　曾侯乙甗

戰國早期
通高六四・九、口徑四七・八厘米
一九七八年湖北隨州擂鼓墩一號墓出土
湖北省博物館藏

由甑和鬲組成。甑大口，厚方唇，短頸，窄肩，深腹，下腹內收，平底有八個呈放射狀鏤孔箅眼，矮圈足。頸部兩側附雙龍蜷曲而成的環耳。底有子母口與鬲口套接。鬲斂口，束頸，廣肩，鼓腹，弧襠，三蹄形款足。甑身滿布嵌錯紋飾，有勾連雲紋、垂葉雲紋、弦紋、渦紋等，而鬲體素面。

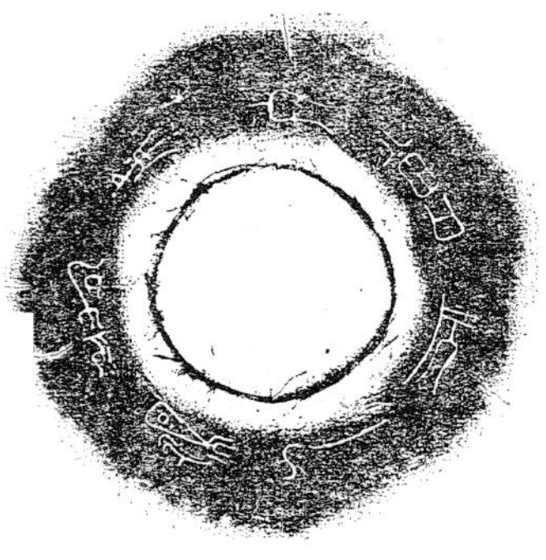

一一八　曾侯乙簋

戰國早期
通高三一・八、口徑二一・二、座高一〇厘米
一九七八年湖北隨州擂鼓墩一號墓出土
湖北省博物館藏

蓋微隆，蓋頂中心爲五瓣蓮花形鈕，蓋緣設三個獸面形卡扣。侈口，束頸，圓鼓腹，圈足與方座連接。腹部兩側設卷曲成弓狀的龍形耳。通體鑲嵌紋飾。蓋上蓮瓣飾雲紋，蓋面、頸部、腹部和方座飾連鳳紋、勾連粗雲紋、鳥首紋等。器蓋和內壁均刻銘「曾侯乙作持用終」。

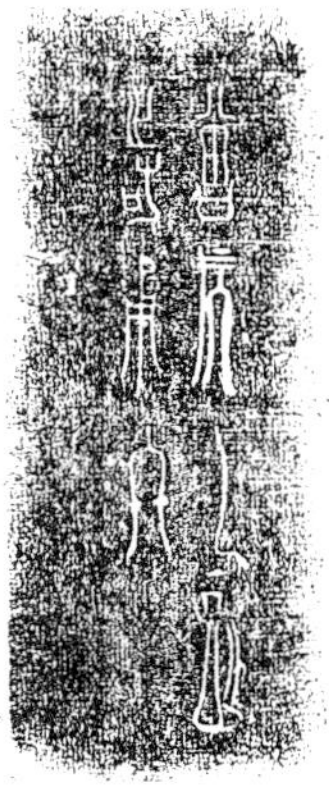

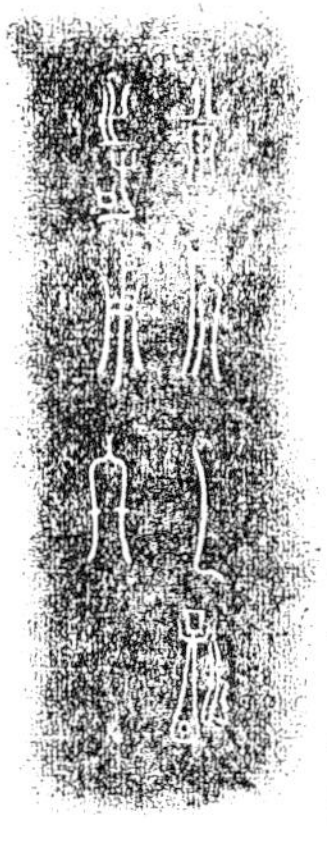

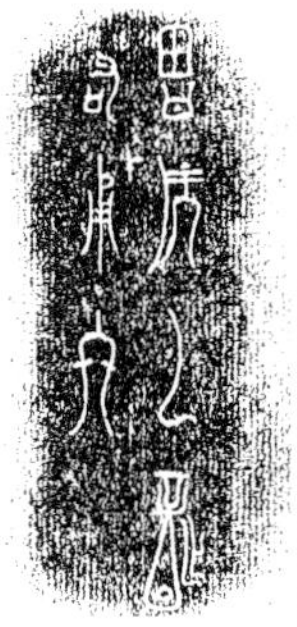

一一九　曾侯乙簠

戰國早期

通高二六・二、口長三一・四、口寬二四厘米

一九七八年湖北隨州擂鼓墩一號墓出土

湖北省博物館藏

蓋器等大同形。長方口，腹上部直壁下折內收，平底下附四隻對稱的蹼形足。腹部兩端各有一獸首形耳鈕。蓋與器身不同處爲，蓋底有內折的寬緣，蓋沿設六個對稱的獸面形卡扣，可與器口扣合。全器以綠松石鑲嵌繁縟花紋，有勾連雲紋、蟠龍紋。蓋、器內底均銘「曾侯乙作持用終」。

一二〇、一二一　曾侯乙豆

戰國早期

通高二六・四、口徑二〇・六厘米

一九七八年湖北隨州擂鼓墩一號墓出土

湖北省博物館藏

隆蓋，蓋上設四個獸形鈕，蓋沿有三個獸面形卡扣。直口，方唇，短頸，深腹，柄較短，喇叭形圈座，腹部兩蛇形環耳。全器鑲嵌綠松石，至今大部分尚存。紋飾有鳥首龍紋、聯鳳紋和變形蟠龍紋。蓋內及腹內壁均銘「曾侯乙作持用終」。

一二二　曾侯乙匜

戰國早期

高一三・四、口長一九・四、口寬一八・八厘米

一九七八年湖北隨州擂鼓墩一號墓出土

湖北省博物館藏

橢圓形，直口，方唇，腹微鼓，平底，假圈足。前有帶蓋流，後有龍形鋬手。頸腹有鑲嵌的雲紋和龍鳳勾連紋。流蓋上的前部作獸面形，後部爲二條鳥首龍紋。鋬上鑄出龍首、龍尾之狀。內底亦鑄銘七字。

一二三　曾侯乙盤

戰國早期

高一二・八、口徑四一・六厘米

一九七八年湖北隨州擂鼓墩一號墓出土

湖北省博物館藏

大口，平沿，方唇，短頸，淺腹，雙耳外撇，平底，三龍形足。龍身曲卷，反首向上銜住盤腹底部，兩足着地。器身有鑲嵌紋飾。盤口唇面有橫一字形紋飾一周，腹部飾鳥首龍紋和勾連雲紋，耳部飾勾連雲紋。盤內底有銘「曾侯乙作持用終」。

一二四　曾侯乙匜、盤

戰國早期

一九七八年湖北隨州擂鼓墩一號墓出土

湖北省博物館藏

圖示出土時匜置盤中之情狀。

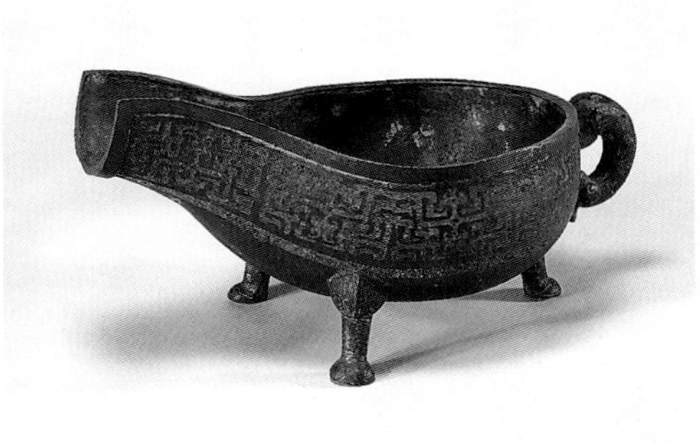

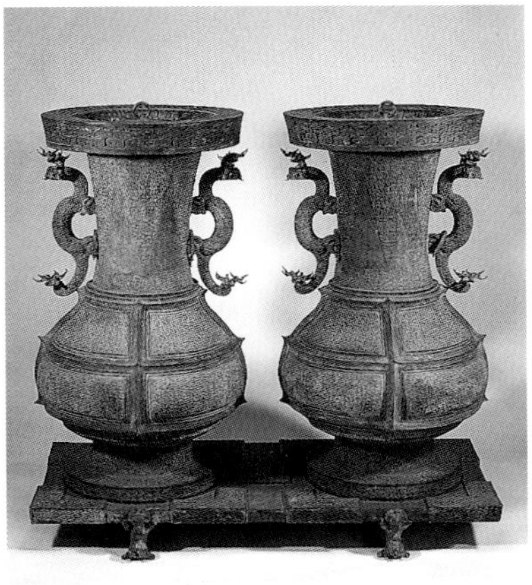

一二五　曾侯乙匜

戰國早期
高一五・五、長三一・八厘米
一九七八年湖北隨州擂鼓墩一號墓出土
湖北省博物館藏

昂流，橢圓形腹，後有龍形鋬，底近平，下有三蹄足。飾鑲嵌勾連紋。內底鑄銘文七字。

一二六　聯禁龍紋壺

戰國早期
壺高九九、蓋徑五三、禁長一一七・五厘米
一九七八年湖北隨州擂鼓墩一號墓出土
湖北省博物館藏

出土時兩壺并列禁上，形制大小相同。隆蓋，頂有一銜環蛇形鈕，蓋外沿套以鏤孔的蓋罩。壺頸兩側攀附有龍形耳。腹部有凸棱形的三條橫帶和四條縱帶，將腹面有規則地分成八個方塊，每塊內浮雕蟠龍紋。器身其他部位均飾蟠龍紋和蕉葉紋。禁面有兩個并列的中空圓圈，以承放雙壺圈足，禁下有四獸形足，獸口部和前肢銜托禁板，後足蹬地。兩壺頸內壁均銘「曾侯乙作持用終」。

一二七　曾侯乙提鏈壺

戰國早期
通高四〇・五、口徑一〇・七厘米
一九七八年湖北隨州擂鼓墩一號墓出土
湖北省博物館藏

圓蓋尖頂，頂端有一銜環鈕。直口微敞，長頸，鼓腹，短圈足。蓋頂提鏈與壺相接，鏈端提梁呈龍首形。蓋面、頸部及腹部均飾目紋、勾連雲紋、菱形紋、蕉葉雲紋、T形勾連紋和龍鳳勾連紋等。頸腹部有銘「曾侯乙作持用終」。

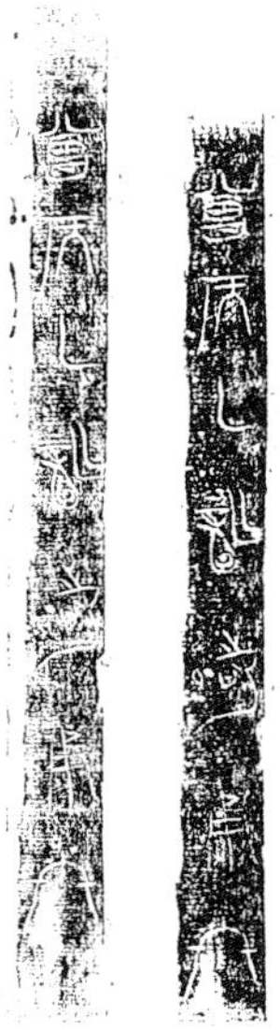

一二八、一二九　**曾侯乙提鏈鑑**

戰國早期
通高二九、口徑四四・六、底徑二六・八厘米
一九七八年湖北隨州擂鼓墩一號墓出土
湖北省博物館藏

蓋微隆，蓋頂有一蛇形鈕，周立四環鈕，蓋沿有四獸面形卡扣。大口微侈，方唇，短頸，鼓腹，平底，圈足。器頸部有一對套接提鏈的龍形耳，腹部設一對環鈕。器身原用綠松石鑲嵌紋飾，惜所鑲綠松石大多脫落，僅保存有褐色、白色充填物。蓋、腹和圈足上飾三角界紋、勾連雲紋、垂葉雲紋。蓋與器身內壁均銘「曾侯乙作持用終」。

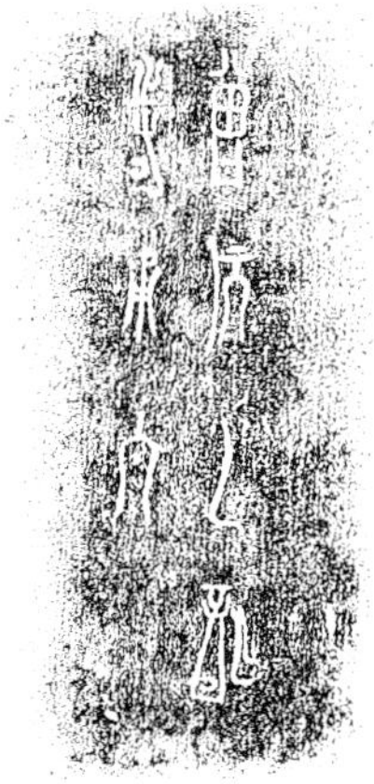

一三〇—一三三　**曾侯乙鑑缶**

戰國早期
鑑高六三・二、缶高五一・八厘米
一九七八年湖北隨州擂鼓墩一號墓出土
湖北省博物館藏

由方鑑與方尊缶兩部分組成。鑑身直口，方唇，短頸，深腹下斂，圈座附四獸形足。四角、四邊共有八個拱曲攀伏的龍形耳鈕及方形和曲尺形的附加裝飾。鏤孔方蓋，蓋面中空，以容納方尊缶的頸部。蓋飾變形蟠龍紋，浮雕盤龍紋和勾連雲紋。鑑口沿、頸部、腹部及圈足分別飾以蟠龍紋和蕉葉紋。方尊缶蓋呈方形隆起，四角附豎環鈕，蓋沿內折，并有與器口扣接的子母榫。直口，方唇，溜肩，鼓腹下

折內收，圈足。缶身腹部四邊各有一豎環耳。尊缶爲盛酒器，置入鑑內，周圍有較大的空隙，可放入冰塊，用以冰酒。出土時附有一長柄有流的勺。

一三四、一三五　曾侯乙大尊缶

戰國早期
通高一二六、口徑四八・二厘米
一九七八年湖北隨州擂鼓墩一號墓出土
湖北省博物館藏

形體高大。蓋隆起，內沿侈出子口以與缶口套合。蓋緣有對稱的四環鈕，蓋側有一環鈕，中銜鎖鏈。斂口，平沿，溜肩，鼓腹，假圈足，平底。器身有四個大環鈕。紋飾爲印模鑄製。蓋面由裡向外依次飾圓渦紋、重環紋、蟠蛇紋、綯紋、雷紋等，均以弦紋爲界紋。器身飾變體蟠龍紋和垂葉紋，腹的中部上下凸鑄粗線紋。肩部有銘「曾侯乙作持用終」。

一三六　曾侯乙盥缶

戰國早期
通高三五・九、口徑二五厘米
一九七八年湖北隨州擂鼓墩一號墓出土
湖北省博物館藏

蓋沿直壁罩住器口，蓋中心有喇叭形捉手，近蓋沿處有一周五個圓餅形乳突。直口，方唇，短頸，鼓腹，平底，圈足。肩腹間有兩個獸面形環耳，耳上各套一提鏈。上腹部亦有六個圓餅形乳突，圓餅上飾渦紋。蓋及器身以紅銅嵌錯勾連雲紋、變形龍紋、三角雲紋等。蓋內及器的肩部均銘「曾侯乙作持用終」。

一三七　曾侯乙尊盤

戰國早期
通高四一・六厘米
一九七八年湖北隨州擂鼓墩出土
湖北省博物館藏

由尊、盤兩件器物組成，可以分開置放。出土時，尊置盤中。尊盤造型優美，紋飾繁縟，口沿處細密的變形蟠蛇紋透空附飾是以失蠟法製造的。尊盤是先秦時期青銅鑄造工藝的優秀範例，由七十二個部件組成，鑄、銲共一百處，分鑄、熔模、銲鉚、圓雕、透雕幾乎均在此得到了完美的體現。

一三八—一四〇　曾侯乙尊

戰國早期
高三〇・一、口徑二五厘米
一九七八年湖北隨州擂鼓墩出土
湖北省博物館藏

由尊體和各種附件、附飾組成。尊體喇叭口，長頸，圓鼓腹，高圈足。口沿附加高低兩層精細繁縟的透空附飾。頸飾蕉葉紋和淺浮雕的變體蟠龍紋，并設四條立體鏤空的龍形裝飾。龍首向上反顧，口吐長舌，四足伏于頸壁，尾部與腹部裝飾的龍首相連。腹及圈足均飾變體蟠龍紋，分別附加四條立體雙身龍作裝飾。

一四一　曾侯乙盤

戰國早期
高二三・五、口徑五八厘米
一九七八年湖北隨州擂鼓墩出土
湖北省博物館藏

直口，方唇，短頸，淺腹，平底，四獸形足。口沿上有高出的四個對稱的長方形透空附飾。口唇爲鏤空的變形蟠蛇紋，耳面的透空附飾與尊口沿同，腹飾簡化蟠

龍紋。透空附飾的下部兩側有兩條透雕的扁體獸形裝飾，伏于盤腹，口銜盤口沿，尾部下垂作龍頭反首向上狀。盤腹還裝飾有四條圓雕雙身龍，其龍頭、雙身上各攀附着數條小龍，而足上部、蹄足也有小龍蟠繞。器內底有銘七字。

一四二　曾侯乙鼎形器

戰國早期

高二一·四—二〇·六、口徑一一·八—一一·一厘米

一九七八年湖北隨州擂鼓墩一號墓出土

湖北省博物館藏

直口，深腹，底尖圓，三蹄形足。鑲嵌紋飾。上腹部飾弦紋及勾連紋，下腹部飾垂葉紋，足上部飾獸面紋，足跟飾雲紋。

此類器同出十件，出土時器內均置一匕。

一四三　曾侯乙箕

戰國早期

高五·二、長二九、口寬二五·三厘米

一九七八年湖北隨州擂鼓墩一號墓出土

湖北省博物館藏

箕仿竹筬編織的形狀，底平。

出土時，箕與漏鏟置炭爐內，應是一套取暖用具。

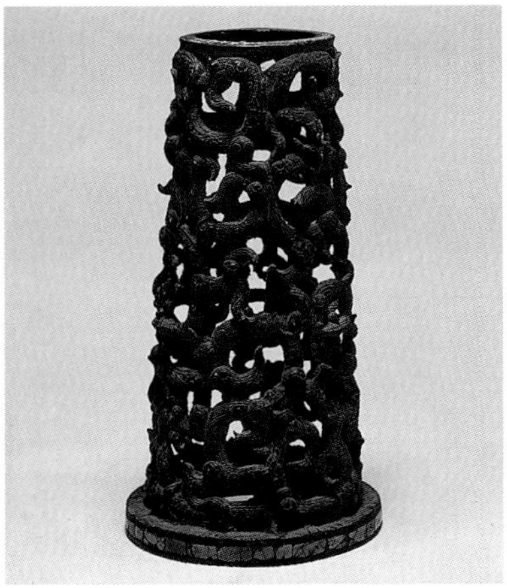

一四四　曾侯乙漏鏟

戰國早期
通長三八・六、口沿寬一四・七厘米
一九七八年湖北隨州擂鼓墩一號墓出土
湖北省博物館藏

漏鏟器身亦如箕形，鏟底口部中間尖突，底有菱形漏眼五十三個，附圓杆形柄。

一四五　曾侯乙炭爐（附箕、漏鏟）

戰國早期
炭爐通高一四、口徑四三・八、腹深六・六厘米
一九七八年湖北隨州擂鼓墩一號墓出土
湖北省博物館藏

炭爐直口，平沿，方唇，短頸，淺腹，平底。三個獸形矮足，獸反首向外，頭頂腹底，身、尾着地。器身有兩環耳套接提鏈。鑲嵌紅銅紋飾，頸部爲棱形紋，腹部爲勾連粗雲紋。爐底正中有銘「曾侯乙作持用終」。

一四六　透雕龍紋筒形器

戰國早期
高一六・二、小頭徑五、大頭徑八・一厘米
一九七八年湖北隨州擂鼓墩一號墓出土
湖北省博物館藏

器呈圓筒形，中空，一頭大一頭小，大頭圓口有侈出折緣。筒壁爲鏤空龍紋，作九龍相互蟠繞狀，每一條龍都張口咬住另一條龍的身軀，龍有前後兩足，足上有兩爪，龍身飾有星點紋和渦雲紋。器的口沿和唇面鑲嵌綠松石。

一四七、一四八　曾侯乙匕

戰國早期
通長四五・八、寬九・二厘米
一九七八年湖北隨州擂鼓墩一號墓出土
湖北省博物館藏

形體較大，柄部扁平，微弧拱。柄分前後兩段，前段較窄，後段呈長梯形，有鏤孔幾何形紋飾。前段正面有銘「曾侯乙作持用終」，銘文兩側和鏤孔花紋上均鑲嵌有綠松石。

一四九　薰

戰國早期
通高四二・八、盤口徑一四厘米
一九七八年湖北隨州擂鼓墩一號墓出土
湖北省博物館藏

形似蒜頭。由蒜頭形罩和矮圓盤構成。罩中空至頂，上細下粗，口沿兩側有兩個對稱的環鈕，中間部位侈出一口徑一・七厘米的小管，與罩內相通。淺腹平底的圓盤有三個短小的蹄形足，腹外側亦環鈕一對。

一五〇　曾侯乙鹿角立鶴

戰國早期
通高一四三・五、座高四、立鶴高一一〇厘米
一九七八年湖北隨州擂鼓墩一號墓出土
湖北省博物館藏

鶴引頸昂首佇立，長嘴上翹呈「鈎狀，頭上一對鹿角。兩翅展開作輕拍狀，拱背，垂尾，兩長腿粗壯有力。座板四邊中部各有一璧虎形鈕，內套圓環。全器飾錯金渦雲紋、三角雲紋、勾連三角紋、蟠龍紋、鳳紋等，背上有平行的兩道凸脊紋。脊紋間、腹、尾下部邊緣和翅膀周邊嵌錯綠松石。嘴部刻銘「曾侯乙作持用終」。

全器分八個部分分鑄後連接組裝而成，相互間以子母榫扣連，唯有兩翅銲接于腹部，不能拆開，其他均可拆開後再安裝。

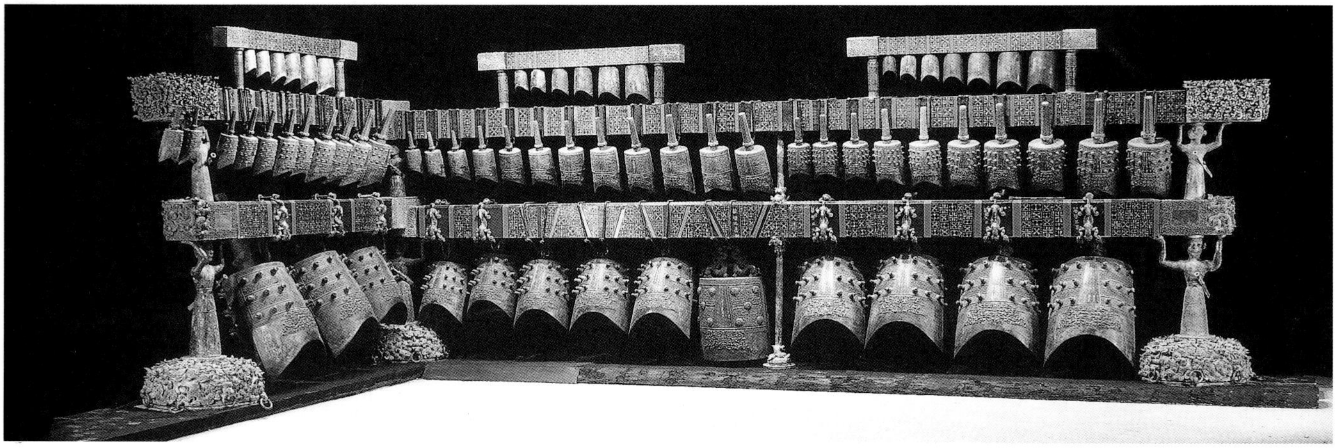

一五一—一五五　曾侯乙編鐘

戰國早期

西架長七四八、高二六五厘米

南架長三三五、高二七三厘米

一九七八年湖北隨州擂鼓墩一號墓出土

湖北省博物館藏

此墓出有大量樂器，其中編鐘一架，計有銅木結構的鐘架一副、鐘六十五件、掛鐘構件六十五副、演奏工具八件。編鐘包括鈕鐘十九件、甬鐘四十五件、鎛鐘一件。出土時依鐘的形狀大小有規律地懸掛在鐘架上。上層三組十九件，均爲鈕鐘，體較小；中層三組三十三件，均甬鐘，體形居中；下層二組十三件，除西架正中的一件鎛鐘外，餘均爲大型甬鐘。這組編鐘音域寬廣，音列充實，音色優美，爲世界樂器史上的奇跡。

一五六、一五七　曾侯乙編鐘人形柱

戰國早期
人形柱身高九六厘米
半球體底座高三五、底徑八〇厘米
一九七八年湖北隨州擂鼓墩一號墓出土
湖北省博物館藏

編鐘鐘架有六個人形銅柱托舉橫梁。圖爲下層北端較大者。人形柱頭戴圓冠，面容端莊，凝視前方。身着右衽的長袖上衣和曳地的下裳，細腰緊束寬帶，佩劍，掌心向上呈托舉狀，飾以彩繪。半球形底座，分上下兩圈側臥着十六條高浮雕蟠龍，每條龍上又攀附若干小龍。造型繁複、精巧，是古代青銅人像中難得的佳作。

一五八、一五九　楚王酓章鎛鐘

戰國早期
通高九二·五、鈕高二六厘米
一九七八年湖北隨州擂鼓墩一號墓出土
湖北省博物館藏

體扁近于橢圓，口平，鈕飾爲兩對蟠龍對峙，其下一對回首卷尾，其上一對引頸對銜。鉦部兩側以浮雕龍紋爲襯地，幷有五個圓泡形飾呈梅花狀排列，正面鉦間鑄銘「**隹**王五十又六祀，返自西陽，楚王**酓**章乍曾侯乙宗彝，**奠**之于西陽，其永**時**用享」。

楚惠王熊章五十六年（公元前四三三年），楚王以此鎛鐘送給曾侯乙，可證當時楚國與曾國關係密切。

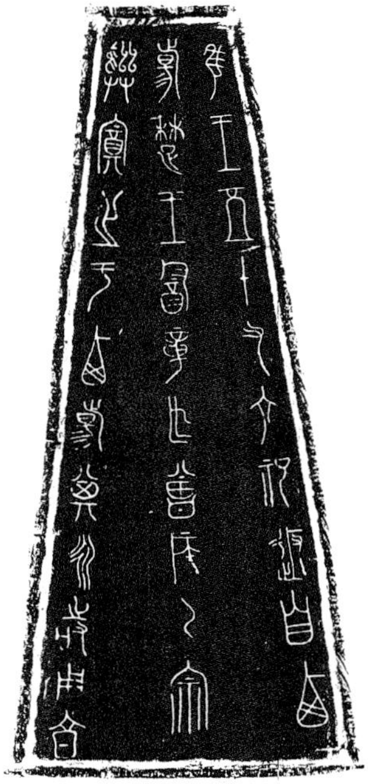

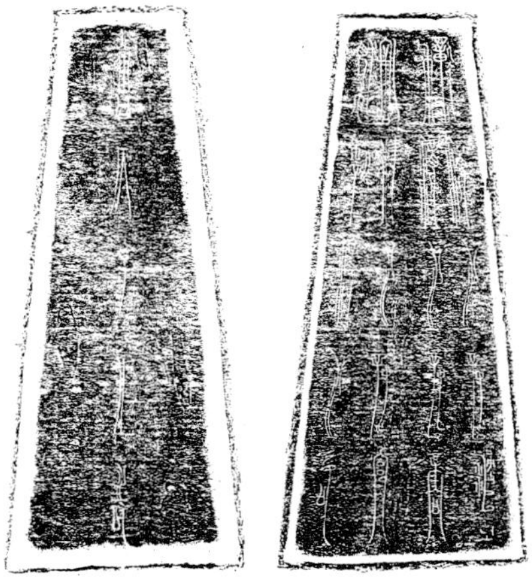

一六〇、一六一　曾侯乙長枚甬鐘

戰國早期

通高一五二·三—四九·〇厘米

一九七八年湖北隨州擂鼓墩一號墓出土

湖北省博物館藏

曾侯乙編鐘中長枚甬鐘二十二件，形制相同，大小有別，個別部位紋飾略有差异。鐘體如合瓦形，銑邊有棱。舞平，上有長甬，中空，體上窄下寬，呈直線外侈。篆及鼓部飾蟠龍紋。鉦兩側各有長枚九個。正面鉦間有錯金銘文。

一六二　曾侯乙短枚甬鐘

戰國早期

通高七一·八—三九·三厘米

一九七八年湖北隨州擂鼓墩一號墓出土

湖北省博物館藏

曾侯乙編鐘中短枚甬鐘共十一件，形制相同，個別紋飾稍异。甬較長，作上細下粗的八棱柱體。鐘體如合瓦形，兩銑較直，枚作盤旋的螺殼形。甬、舞、篆、鼓部均飾蟠龍紋。鉦及兩鼓側有錯金銘文。

一六三—一六五　曾侯乙無枚甬鐘

戰國早期
通高七一・七—三七・二厘米
一九七八年湖北隨州擂鼓墩一號墓出土
湖北省博物館藏

曾侯乙編鐘中無枚甬鐘共十二件，形制相同，大小不一，僅個別部位紋飾略有差异。各鐘甬、舞、鼓部均與長枚、短枚甬鐘相似，但鉦部兩側無篆帶，無枚，飾以統一的單元紋樣，每單元紋樣內有兩條淺浮雕蟠龍，作側盤臥狀。鐘體兩面鉦部、兩側鼓及正鼓皆有錯金銘文。

一六六　曾侯乙怪獸形編磬座

戰國早期
通高六七厘米
一九七八年湖北隨州擂鼓墩一號墓出土
湖北省博物館藏

曾侯乙墓出土編磬一架。銅鑄磬架由一對怪獸造型的編磬座及頭上插附的圓立杜和兩根圓杆橫梁結合而成。此爲怪獸磬座之一。怪獸由多種動物形體結合而成，集龍首、鶴頸、鳥身、鱉足爲一體，作鼓目吐舌長鳴狀，舌上幷鑄銘七字。周身飾蟠龍紋、圓渦紋、乳釘紋等，幷以纖細的錯金線條勾勒。

戰國時期中原群雄列國圖

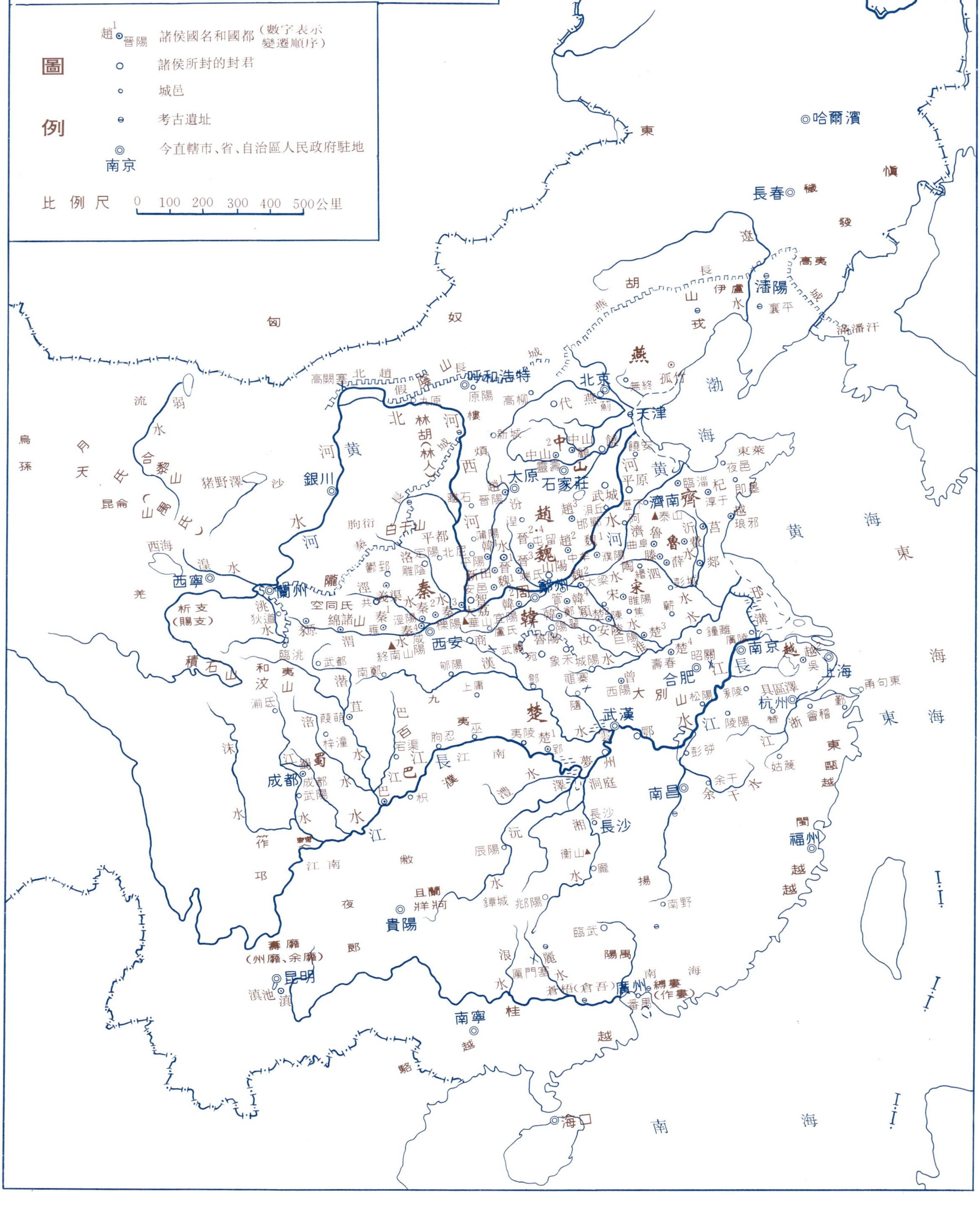

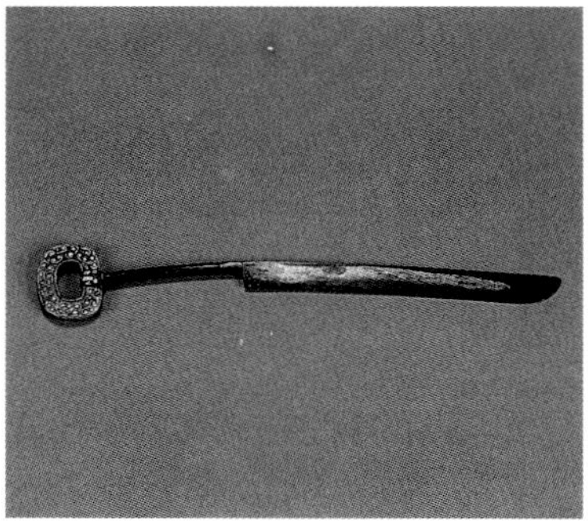

一六七、一六八　曾侯乙透雕蟠龍紋鼓座

戰國早期
通高五四、底徑八〇厘米
一九七八年湖北隨州擂鼓墩一號墓出土
湖北省博物館藏

圓堆形，座中央有一插入鼓柱的孔，周圍糾結盤繞有十六條圓雕龍，其上還附纏有小龍若干。這些大大小小的龍身均仰首擺尾，穿插糾結，以多變的形態和對稱的布局構成了極其生動繁複的立體造型。龍身飾鱗紋幷嵌綠松石，鼓座底緣飾有蟠蛇紋，幷對稱設四個圓環提手。柱口沿內圈刻銘五字。

一六九　玉首削

戰國早期
通長二八・六、刀身一七・四厘米
一九七八年湖北隨州擂鼓墩一號墓出土
湖北省博物館藏

刃部薄長，微弧，玉環首呈扁圓形，與玉環鈕銜接處之柄端呈龍首形，龍首上鑲嵌綠松石，玉環兩面均雕琢卷雲紋。

一七〇　曾侯乙戟

戰國早期
左：通長二九・九、胡長一二厘米
中：通長一八・七、胡長一〇・四厘米
右：通長一七・二、胡長九・五厘米
一九七八年湖北隨州擂鼓墩一號墓出土
湖北省博物館藏

全器由三件銅戈頭按左、中、右順序安裝于髹漆積竹木柲上。三件均鑄有鳥篆「曾侯乙之用戟」銘文，其中兩件錯金。

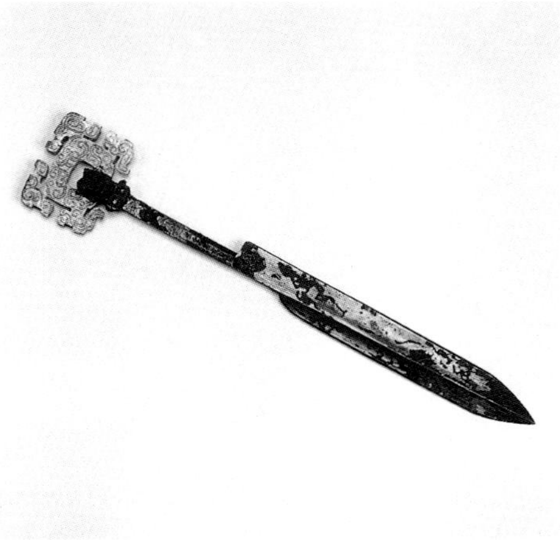

一七一　玉首匕

戰國早期
通長二二·三、匕寬一·八厘米
一九七八年湖北隨州擂鼓墩一號墓出土
湖北省博物館藏

匕身兩面刃，截面菱形，前鋒如劍形。莖端呈龍形，噙住玉環首。玉環首呈圓角長方環形，四角各接有一透雕的龍形裝飾。

一七二　曾侯乙矛形車軎

戰國早期
右：通高四一·三、軎高九·六、端徑五、底徑一〇厘米
左：通高三七、軎高一二·八、端徑五·四、底徑一〇·四厘米
一九七八年湖北隨州擂鼓墩一號墓出土
湖北省博物館藏

器上部爲矛，鑄于下部軎上。圖右之矛中脊起棱，尖鋒，刃部作五連弧形，順車軎兩邊下延，達于下緣。刃的下部與軎的下緣連接處兩側有方穿。矛上鑄有對稱的雲紋和花草狀紋，車軎則飾雲形紋及棱形紋。圖左之矛無花紋，刃部則爲四道連弧形，車軎上的紋飾稍有不同。

一七三　曾侯乙過濾器

戰國早期
通高八八·五、杆長七〇·八厘米
一九七八年湖北隨州擂鼓墩一號墓出土
湖北省博物館藏

作錐體漏斗狀，斗口爲等邊三角形，尖底，有呈圓形排列的十二個鏤孔，內有六個孔未穿透。器座爲卷曲臥伏的怪獸，長頸部作杆，獸口銜住漏斗的一角。環鈕上飾有斜角雲紋。杆上鑄銘五字。

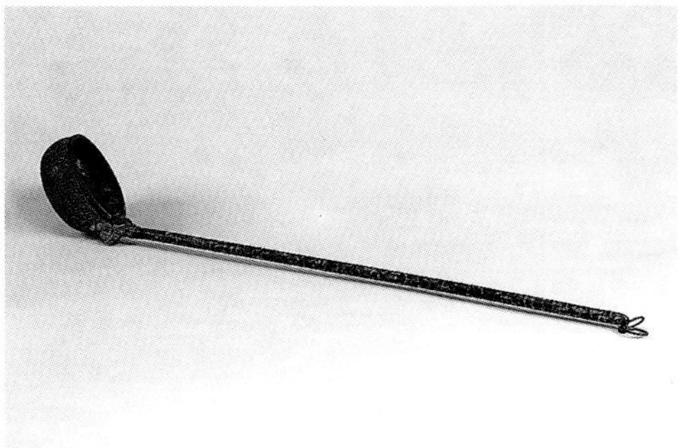

一七四　曾侯乙斗

戰國早期
口徑一六、腹深七·六、柄長三五·二、柄徑二·一厘米
一九七八年湖北隨州擂鼓墩一號墓出土
湖北省博物館藏

圓口微斂，平沿，方唇，圓鼓腹，圜底近平。圓杆形長柄前端作蟠龍狀，龍首伸出一小龍銜住斗的口沿，龍尾與足和斗身之腹部相連。柄尾有一環鈕，內套雙環。斗腹飾龍鳳勾連紋，柄飾勾連雲紋。柄上鑄銘七字。

一七五　蟠龍紋罐、勺

戰國早期
罐：通高二五·四、口徑一二·二、底徑二七·二厘米
勺：全長五六、口徑八·三、深四·七厘米
一九七八年湖北隨州擂鼓墩一號墓出土
湖北省博物館藏

平蓋，中設一銜環鈕。罐小口，與蓋作子母口相合，平肩，直筒形腹，平底。腹肩相連處也有四個對稱的銜環鈕，腹底有十字形凸帶。蓋上飾陰線刻的渦雲紋、重環紋及兩股扭結的粗繩紋，腹飾兩兩相靠的蟠龍紋。勺作圓瓢形，圓柄細長，由薄銅片卷成銅管，一端插入勺身裝柄的管孔內，一端插入柄端的蛇首形管孔內，蛇口銜一環，環內又貫一圓環。

一七六　蟠龍席鎮

戰國早期
通高八、直徑一一·八厘米
一九七八年湖北隨州擂鼓墩一號墓出土
湖北省博物館藏

形如器蓋，半球形，內空，平口沿。頂有銜環龍形鈕，面部鑄八條相互糾纏的龍，空隙處分布十四個凸起的小圓圈。此器同出四件，當爲壓席之物。

春秋時期中原群雄列國圖

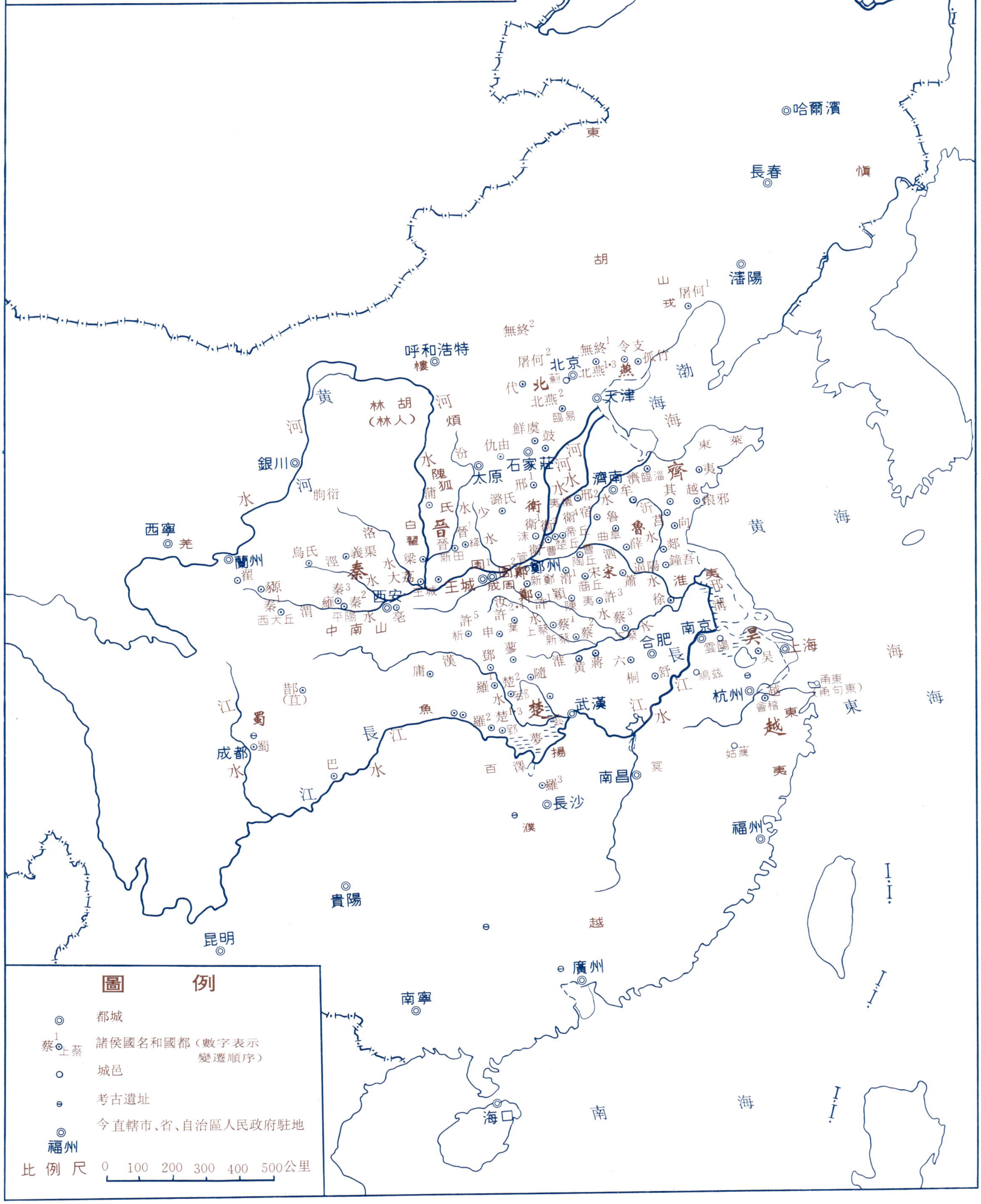

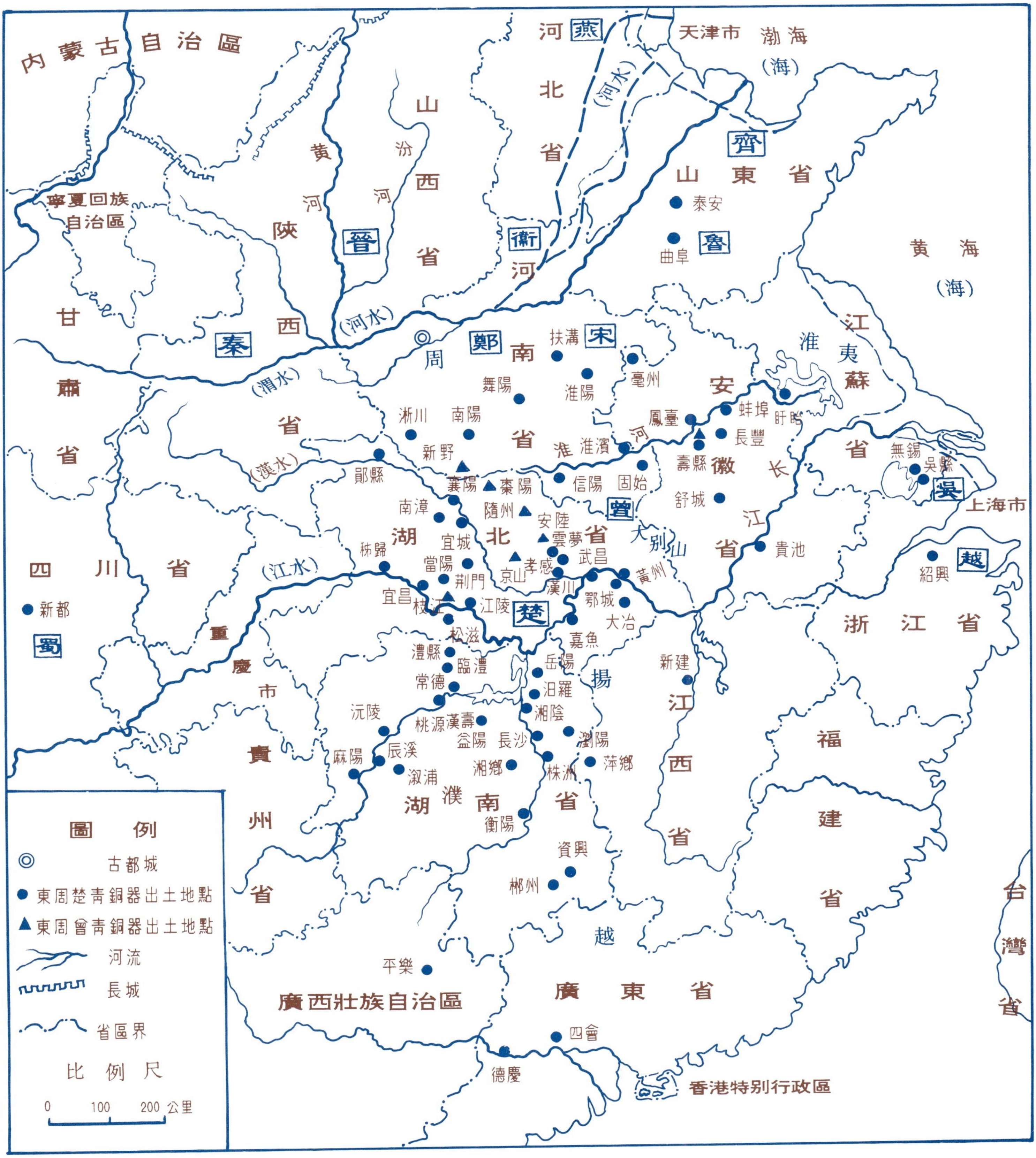

東周楚曾青銅器出土地點分布圖

本書編輯拍攝工作，承蒙以下各單位
予以協助和支持，謹此致謝。

湖北省博物館
湖北省宜昌市博物館
湖北省荆州市博物館
湖北省荆門市博物館
湖北省文物考古研究所
河南省文物考古研究所
河南省博物館
河南省淅川縣博物館
河南省南陽市博物館
安徽省博物館
湖南省博物館
湖南省益陽市博物館
湖南省長沙市博物館
廣東省博物館
安徽省博物館
上海博物館
江蘇省淮陰市博物館
中國歷史博物館
山東省博物館
陝西省米脂縣博物館
美國弗利爾美術館
所有給予支持的單位和人士

責任編輯　李　紅
封面設計　仇德虎
版面設計　李　紅
攝　　影　郝勤建
　　　　　劉小放
　　　　　王蔚波
　　　　　孫之常
圖版說明　周　亞
　　　　　劉家林
插圖製作　李　淼
　　　　　韓慧君
地圖繪製　邱富科
責任印製　張道奇
責任校對　安倩敏

圖書在版編目（CIP）數據

中國青銅器全集．第10卷．東周．4／《中國青銅器全集》編輯委員會編．—北京：文物出版社，1998.6
（2018.7 重印）
（中國美術分類全集）
ISBN 978－7－5010－1041－7

Ⅰ.①中…　Ⅱ.①中…　Ⅲ.①青銅器（考古）－中國－東周時代－圖集　Ⅳ.①K876.412

中國版本圖書館 CIP 數據核字（2013）第082869號

中國美術分類全集

中國青銅器全集

第10卷　東周　4

中國青銅器全集編輯委員會編

出版發行者　文物出版社
（北京東直門内北小街二號樓）
http://www.wenwu.com
E-mail:web@wenwu.com

責任編輯　李　紅
再版編輯　智　樸
排版者　北京迅即印刷有限公司
製版者　蛇口以琳彩印製版有限公司
印刷裝訂者　中國鐵道出版社印刷廠
經銷者　新華書店
一九九八年六月第一版
二〇一八年七月第四次印刷
書號　ISBN 978-7-5010-1041-7
定價　三五〇圓